PRÉCIS

DU

DROIT PUBLIC

DU

GRAND-DUCHÉ DE FINLANDE

PAR

L. MECHELIN

MEMBRE DU SÉNAT IMPÉRIAL DE FINLANDE

ANCIEN PROFESSEUR DE DROIT A L'UNIVERSITÉ D'HELSINGFORS

DEUXIÈME EDITION

HELSINGFORS
G. W. EDLUND

BERLIN
PUTTKAMMER ET MÜHLBRECHT

PARIS
GUILLAUMIN ET CIE

1886

HELSINGFORS
IMPRIMERIE J. C. FRENCKELL & FILS.
1886.

Avant-propos

de la première édition.

Les personnes qui désirent prendre connaissance des institutions politiques et administratives de la Finlande, sont souvent arrêtées par l'absence de publications sur ce sujet en d'autres langues que le suédois et le finnois. C'est cette lacune que nous nous sommes proposé de combler.

Le but de cet ouvrage en a déterminé le plan : on n'y trouvera ni construction de système, ni développement de théories. Nous avons voulu faire un simple exposé du droit positif en matières constitutionnelle et administrative, tel qu'il est contenu dans les lois du grand-duché. Nous n'avons pas d'autre prétention que d'apporter aux sciences politiques un groupe de faits peu connus jusqu'ici.

La difficulté qu'il y a à écrire dans une langue qui n'est pas la sienne, sera, nous l'espérons, un titre suffisant à l'indulgence du lecteur pour les imperfections de style qu'il ne manquera pas de rencontrer dans ce petit livre.

Août 1886. *L. M.*

Table des matières.

Introduction.

Introduction.

I. Aperçu historique.

1. Le christianisme fut introduit en Finlande par les Suédois, qui entreprirent dans ce but plusieurs croisades dans le courant du 12e et du 13e siècles. Ces croisades eurent en même temps pour résultat la conquête du pays. L'organisation sociale des habitants indigènes étant encore très-primitive, le pays reçut, avec la religion chrétienne, les institutions et les lois de la Suède. La situation passive de pays conquis ne tarda pas à changer : au milieu du 14e siècle, il fut reconnu que les provinces finlandaises jouiraient des mêmes droits actifs que les provinces suédoises, quant à la législation et à l'élection des rois. Il n'y eut plus de distinction politique entre Suédois et Finlandais, la Finlande était dès lors partie intégrante du royaume de Suède, ayant la même constitution, les mêmes lois civiles, le même

régime financier, partageant les triomphes comme les désastres de la métropole.

La grande majorité de la population de Finlande n'était pas de la même race que les Suédois. Mais cette différence d'origine ne semble pas avoir mis de sensibles obstacles au développement de la solidarité politique entre les deux parties du royaume; l'existence de colonies suédoises le long des côtes de la Nylande et de l'Ostrobotnie contribua d'ailleurs à l'affermissement de cette solidarité. Toutefois, il n'y eut pas assimilation complète. Les Finnois gardaient leur langue, que le gouvernement suédois n'essaya même pas de supprimer et dont la culture fut avancée, à la suite de la Réformation, par la traduction des Ecritures saintes en finnois et par le zèle du clergé luthérien pour l'enseignement populaire. Les intérêts matériels des habitants, Finnois comme Suédois, ne coïncidaient pas toujours avec ceux de la Suède; la défense de la Finlande était confiée surtout aux troupes indigènes; la situation géographique du pays avait fait de ses provinces un groupe distinct, portant, même dans des actes officiels, depuis la fin du 16e siècle, la dénomination collective de «Grand-duché de Finlande». Il y avait donc des germes d'une existence nationale indépendante, mais la conscience ne s'en éveilla pas chez le peuple tant que dura l'association intime avec la Suède.

2. La fondation par Pierre le Grand, sur les bords de la Néva, de la nouvelle capitale de l'empire russe fut le point de départ de la politique poursuivie depuis lors, pendant un siècle, par les souverains de la Russie à l'égard de la Finlande. Vaincue dans la grande guerre du Nord terminée par la paix de Nystad en 1721 et dans la guerre de 1741—1743, la Suède fut obligée de céder à la Russie une partie de la Finlande, la Carélie du Sud ou province de Vibourg.

En attaquant la Suède en 1808, l'empereur Alexandre I, avait en vue : de forcer le roi Gustave IV d'adhérer au blocus continental, — et d'achever la conquête de la Finlande. Il fit connaître ses intentions quant à la Finlande par plusieurs proclamations, dont la plus remarquable est le manifeste du $^{5}/_{17}$ juin 1808, dans lequel l'empereur déclare qu'en unissant la Finlande à la Russie il garantira pieusement le maintien des lois et des privilèges du pays. Or, à cette date, l'issue définitive de la guerre n'était pas encore décidée.

Vers la fin de l'année tout le territoire du Grand-duché était évacué par les troupes suédoises et finlandaises. Les hostilités furent continuées, cependant, jusque dans l'été de l'année 1809. Mais l'empereur ne voulut pas attendre l'achèvement de la guerre pour entrer en rapport avec des représentants de la Finlande afin d'y organiser son pouvoir. Une députation finlandaise, élue par la noblesse, le clergé, la bourgeoisie et les paysans, sur l'ordre réitéré de l'empereur, se réunit à St.-Pétersbourg au mois de novembre 1808. L'empereur voulait consulter les députés sur la situation et les besoins du pays et sur les moyens d'en alléger les charges.

Reçue en audience solennelle par Alexandre, la députation présenta un mémoire contenant un aperçu des dispositions des lois fondamentales sur la formation d'une diète légale, ainsi que la déclaration que cette députation, élue et formée d'une autre manière, n'était pas compétente pour représenter le pays ni pour délibérer sur des questions exigeant le concours des états; ce ne serait donc qu'en convoquant la diète que Sa Majesté pourrait entendre la voix de la nation.

L'empereur approuva l'opinion exprimée par la députation. Par un décret publié le 1er février (20 janvier) 1809, les états de Finlande furent appelés à se réunir le 22 mars en diète générale dans la ville de Borgo, conformément aux lois et règlements.

3. L'empereur Alexandre se rendit en personne à Borgo pour l'ouverture de la diète; il signa, le jour même de son arrivée, le 15/27 mars, la déclaration suivante aux habitants de la Finlande:

«Les destinées de la Providence Nous ayant fait prendre en possession le Grand-duché de Finlande, Nous avons voulu, par l'acte présent, confirmer et ratifier la Religion et les Lois fondamentales du Pays ainsi que les privilèges et droits, dont chaque classe dans le dit Grand-duché, en particulier, et tous les habitants en général, qu'ils aient une position élevée ou inférieure, ont joui jusqu'ici selon la Constitution; Nous promettons de maintenir tous ces avantages et Lois fermes et inébranlables dans leur pleine force».

Deux jours plus tard, dans une séance solennelle tenue dans la cathédrale, l'empereur reçut l'hommage des états comme grand-duc de Finlande. Les états prêtèrent le serment de fidélité au nouveau souverain et affirmèrent en même temps l'inviolabilité de la constitution; lecture fut faite de la déclaration de l'empereur, laquelle fut remise au maréchal de la noblesse; puis, un héraut noble prit place devant le trône en proclamant : «Vive Alexandre I, Empereur de toutes les Russies et Grand-duc de Finlande!»

La cérémonie fut achevée par un discours de l'empereur, en langue française, portant témoignage des sentiments avec lesquels il avait reçu l'hommage et le serment des représentants du pays, et marquant que c'était un *acte d'union* qui venait de s'accomplir.

4. L'empereur et grand-duc soumit à la diète des propositions sur les quatre questions suivantes :

1°) organisation du gouvernement du pays ou institution d'un Conseil de régence;

2°) impôts et finances;

3°) organisation militaire;

4°) système monétaire.

Les résolutions et les avis de la diète de Borgo concernant ces questions importantes, ont exercé une grande et salutaire influence sur la gestion des affaires du jeune État.

Alors que la Finlande n'était qu'une partie du royaume de Suède, il n'y avait dans le pays même que des autorités locales. Le tribunal suprême et les organes du gouvernement central, institués selon les lois fondamentales, avaient leur siège à Stockholm. Il était nécessaire de remplacer maintenant ces institutions par des organes analogues. C'est ce qui était l'objet du projet concernant le *Conseil de régence*, qui devait devenir le point central des différentes branches de l'administration.

Les états approuvèrent ce projet de loi. L'empereur, pour faire preuve de la confiance qu'il avait dans les représentants de la nation, les chargea d'élire les premiers membres du Conseil.

Quant aux autres affaires traitées par la diète, celle relative aux *finances* et aux *impôts* n'était pas la moins importante. Il s'agissait en effet, non seulement de pourvoir aux besoins du moment, mais de donner une base solide au système budgétaire du nouvel État.

Il était de toute nécessité d'améliorer les appointements des fonctionnaires publics et de faire face aux dépenses qu'exigeait l'entretien des nouveaux organes de gouvernement et d'administration.

Les anciens impôts furent maintenus, sauf quelques impositions extraordinaires dont l'empereur avait voulu exempter le pays; mais l'on entreprit des améliorations dans l'assiette de l'impôt foncier et des impôts personnels. On finit par établir le budget sur des bases satisfaisantes. Or, en déclarant dans sa proposition sur les finances que les ressources du grand-duché ne seraient employées que pour les besoins du pays même, — déclaration en tout conforme avec la politique adoptée par lui à l'égard de la Finlande, — Alexandre I avait prévenu toutes appréhensions possibles au sujet de l'indépendance du budget du grand-duché. Aussi les états votèrent-ils une adresse spéciale pour exprimer la gratitude du pays pour cette déclaration de Sa Majesté.

La proposition concernant *l'organisation militaire* ne visait pas à des changements de système, l'empereur voulant, au contraire, conserver l'ancienne organisation d'une milice nationale entretenue par la propriété foncière. C'était presqu'exclusivement des dispositions économiques qu'exigeait à cette occasion la question militaire. Mais ce qui donna à la dite proposition une importance politique, c'est que l'empereur y exprima l'assurance absolue qu'aucun recrutement forcé ni aucune conscription militaire n'aurait lieu en Finlande. Vu l'état des esprits à l'époque de la réunion de la diète, cette assurance devait nécessairement contribuer à affermir la confiance dans la politique du nouveau souverain. Les états en exprimèrent leur reconnaissance, tout en exposant avec franchise les inconvénients qu'il y aurait, le cas échéant, à se servir de la milice nationale hors de la Finlande ou pour un autre but que la défense de la patrie.

La résolution des états concernant *le système monétaire* fut d'adopter le rouble-argent comme unité monétaire du grand-duché, et de n'autoriser des payements en billets de crédit russes et suédois qu'au cours de change de ces billets. La diète établit en même temps les règles nécessaires quant à l'introduction de la nouvelle monnaie dans la comptabilité publique et dans les transactions privées. Puis, elle recommanda l'établissement d'une banque nationale sous la garantie des états.

5. L'empereur revint à Borgo pour la clôture de la diète, laquelle eut lieu le $^{6}/_{18}$ juillet. Il prononça à cette occasion le discours suivant :

«En réunissant les États de la Finlande en une Diète générale j'ai voulu connoître les désirs et les sentiments de la nation sur ses véritables intérêts.

J'appelai votre attention sur les objets les plus importans à votre prospérité. Me reposant entièrement sur la loyauté de votre caractère, fort d'ailleurs de la pureté de mes intentions, j'ai laissé à vos délibérations une parfaite liberté. Aucune influence, aucune autorité étrangère à la vôtre n'osa franchir le seuil de ces portes. J'ai veillé sur l'indépendance de vos opinions. Absent je me trouvai au milieu de vous par les voeux que je ne cessais de faire pour le succès de vos travaux.

Les avis que vous venez d'émettre portent le caractère de la sagesse et de l'amour de la patrie. Je les prendrai en considération dans l'oeuvre importante que je médite pour votre prospérité.

Vos travaux cessent dès ce moment. Mais en vous séparant, vous avez des devoirs essentiels à remplir.

Portez dans le sein de vos provinces, imprimez dans l'esprit de vos compatriotes la même confiance qui a présidé ici à vos délibérations. Inspirez-leur la même assurance sur les objets les plus importans à votre existence politique, le maintien de vos lois, la sûreté personnelle, le respect inviolable de vos propriétés.

Ce peuple brave et loyal bénira la Providence qui a amené l'ordre de choses actuel. Placé désormais au rang des nations, sous l'empire de ses lois, il ne se ressouviendra de la domination passée que pour cultiver des rapports d'amitié lorsqu'ils seront rétablis par la paix.

Et moi, j'aurai recueilli le plus grand fruit de mes soins quand je verrai cette nation tranquille au dehors, libre dans l'intérieur, se livrant sous la protection des lois et des bonnes moeurs à l'agriculture et à l'industrie, par le fait même de sa prospérité, rendre justice à mes intentions et bénir ses destinées».

6. Telle fut l'inauguration des nouvelles destinées de la Finlande.

Le vainqueur s'était trouvé en présence d'un peuple dévoué aux institutions politiques et aux lois civiles dont les principes libéraux avaient de fortes racines dans l'esprit et dans les moeurs des citoyens. Faire usage de la force matérielle pour incorporer ce pays à la Russie, n'aurait ni répondu aux idées personnelles de l'empereur, ni profité à la pacification immédiate que recommandaient les intérêts politiques de l'empire. Alexandre préféra donc un «acte d'union», il confirma la constitution du pays et fit appel aux représentants de la nation pour fonder, de concert avec eux, le nouvel ordre des choses.

Les Finlandais, prévoyant l'issue finale de la guerre et l'impossibilité d'un retour au passé, ne devaient pas hésiter à aller au devant des propositions de l'empereur Alexandre, lequel leur avait donné, comme gage de l'avenir, l'assurance la plus formelle de maintenir l'ancienne constitution. En Suède le roi était détrôné, le gouvernement suédois n'avait plus d'action sur la Finlande; seuls, les états de Finlande, élus et réunis suivant la loi, pouvaient en ce moment, de plein droit, représenter le peuple finlandais. Aussi l'autorité dont ils usaient en liant les habitants du pays par le serment prêté au nouveau souverain sur la base de la constitution confirmée par lui, fut-elle reconnue tant par l'empereur que par le peuple. L'empereur l'a énoncé dans son manifeste «à tous les habitants de la Finlande», publié à Borgo le 23 mars (4 avril) 1809; aucune protestation ne s'éleva dans le pays.

Or, l'union ainsi fondée a été nettement caractérisée par l'empereur, non seulement dans les discours précités du 29 mars et du 18 juillet 1809, mais encore à d'autres occasions, par ex. dans le manifeste du $^{15}/_{27}$ mars 1810 concernant la milice et dont nous extrayons ici l'introduction d'après l'original :

«Du moment que la Providence Nous a remis le sort de la Finlande, Nous résolûmes de gouverner ce pays comme une nation libre et jouissant des droits que sa constitution lui garantit.

Les preuves de dévouement que les habitants Nous ont données depuis le serment de fidélité qu'ils Nous ont offert de leur plein gré par leurs représentants réunis en Diète, n'ont pu que Nous raffermir dans cette résolution.

Tous les Actes émanés jusqu'ici, pour l'administration intérieure de ce pays, ne sont qu'une suite et une application de ce principe. Le maintien de la religion et des lois, la réunion de la Diète, la formation du Conseil de Régence au sein de la nation, la conservation intacte de l'ordre judiciaire et administratif en sont des preuves qui doivent assurer à la nation finnoise les droits de son existence politique.

Parmi les institutions qui ont dû fixer toute Notre attention, l'organisation de la force militaire est une des plus importantes. Ayant résolu de ne rien introduire qui ne soit conforme aux lois existantes, Nous sommes décidés à conserver en Finlande l'organisation Militaire telle qu'elle a existé avant ce temps, en l'adaptant davantage aux moyens du pays et au bien-être de ses habitants.»

7. Les stipulations du traité de paix entre la Russie et la Suède, signé à Fredrikshamn le $^{5}/_{17}$ septembre 1809 et ratifié à St.-Pétersbourg le $^{1}/_{13}$ octobre, ne concernaient donc pas la situation politique du grand-duché, déjà réglée par les actes de Borgo. L'on s'est borné à constater, dans l'art. VI du traité, ce fait accompli, en ajoutant que le roi de Suède se voyait, par cela-même, dispensé du devoir d'ailleurs sacré de faire des réserves à cet égard en faveur de ses anciens

sujets. — Le traité de paix règle en premier lieu des questions ayant rapport à la politique générale de cette époque, et stipule notamment l'adhésion du roi de Suède au blocus continental; — puis la cession du territoire finlandais à l'empereur de Russie et la démarcation de la frontière; — enfin les intérêts des particuliers suédois et finlandais ainsi que les futures relations de commerce entre la Finlande et la Suède, etc.

La frontière entre la Russie et la Finlande était restée d'abord la même que celle qui avait été établie par la paix de 1743 entre la Russie et le royaume de Suède. Mais l'empereur Alexandre I, ayant trouvé utile de rendre à la Finlande son unité, réunit au grand-duché la province de Vibourg (voyez ci-dessus n° 2 p. 3) par un décret du 23 décembre 1811. La frontière établie alors subsiste encore, sauf une modification qui y est survenue en 1864.

8. Après la clôture de la diète de Borgo, l'empereur procéda sans retard à l'organisation du gouvernement. Le statut du Conseil de Régence fut sanctionné et promulgué le $^{6}/_{18}$ août 1809. Le même jour, les membres du Conseil, élus par la diète, furent nommés à ces fonctions. Le conseil siégea d'abord à Abo, ancien chef-lieu du pays. Mais la ville d'Helsingfors ayant été déclarée capitale du grand-duché, le conseil de régence y fut transporté en 1819.

En vertu du statut de 1809, la présidence du conseil appartenait au gouverneur-général. D'ailleurs, les attributions de ce haut fonctionnaire furent l'objet d'une instruction spéciale, émanée en 1812, en même temps que l'instruction concernant le procureur général du pays.

L'organisation des pouvoirs gouvernementaux fut complétée par l'institution à St.-Pétersbourg, en 1811, d'un comité pour les affaires de Finlande. Les questions réservées à la décision de l'empereur devaient lui être rapportées, en présence du président du comité, par un secrétaire d'État faisant partie de ce comité. Un décret de 1826 a aboli le comité de 1811 et a arrêté que le secrétaire d'État — qualifié plus tard ministre-secrétaire d'État — ferait seul les rapports à l'empereur. Le secrétaire d'État eut pour aide et suppléant un adjoint, gérant de la chancellerie. — En 1857 le comité pour les affaires de Finlande a été réinstitué, mais avec une organisation en partie modifiée.

Le statut de 1809 sur le conseil de régence a subi avec le temps bien des modifications, mais les dispositions essentielles de cette loi restent encore en vigueur. Nous en donnerons plus tard le détail. Il convient cependant de mentionner ici le décret du 21 février 1816, par lequel l'empereur déclare qu'ayant en vue de mettre en lumière la pensée qui avait présidé à l'institution du conseil de régence, ainsi que les rapports immédiats du conseil avec la personne du souverain, il a arrêté que le conseil de régence serait appelé désormais, comme l'autorité suprême de l'empire, *Sénat impérial* de Finlande, sans qu'il en résulte aucun changement dans l'organisation du conseil et encore moins dans la constitution du pays, dont l'empereur avait reconnu la validité à perpétuité, tant pour lui que pour ses successeurs.

9. La diète ne fut plus convoquée par l'empereur Alexandre I, ni pendant le règne de l'empereur Nicolas. Il est vrai que la périodicité des diètes n'était pas établie par les lois fondamentales que l'empereur Alexandre avait confirmées. Mais le concours des états étant indispensable pour toute réforme des lois et des impôts, le chômage prolongé de la législature devait nécessairement entraver le développement du pays. Aussi a-t-il été reconnu, dans des actes officiels de la première partie de cette période, que la convocation de la diète eût été désirable et qu'elle aurait eu lieu si des préoccupations de la politique de l'empire ne l'avaient pas empêchée.

En attendant, le gouvernement s'est efforcé de réaliser des progrès, autant que cela pouvait se faire malgré la stagnation du travail législatif, — parfois aussi en empitétant sur les attributions de la diète. Mais les traditions constitutionnelles ne s'effacèrent pas dans les esprits, et l'un des fondements du régime constitutionnel, le respect des lois, s'est maintenu au sein de la population et n'a pas cessé d'inspirer les actes des fonctionnaires publics.

10. Quelque temps après l'avènement au trône de l'empereur Alexandre II, la convocation de la diète, réclamée hautement par des voix patriotiques, fut reconnue indispensable. Dès l'année 1859, la nécessité s'imposa au gouvernement d'avoir recours à la représentation nationale, soit pour des mesures financières, soit pour la révision des lois civiles et criminelles. Le sénat eut à examiner quelles étaient les questions législatives dont la solution pressait le plus, et il en fit un rapport à l'empereur. Cependant, l'élaboration des nombreux projets demanda du temps. Le 18 juin 1863 parut, à la grande satisfaction de la nation, le décret de l'empereur et grand-duc portant convocation des états en diète générale à Helsingfors le 15 septembre de la même année.

L'empereur Alexandre II arriva à Helsingfors pour l'ouverture solennelle de la diète qui eut lieu le 18 septembre, et prononça à cette occasion le discours suivant, en langue française :

«Représentants du Grand-Duché de Finlande.

En Vous voyant réunis autour de Moi, Je suis heureux d'avoir pu accomplir Mes voeux et vos espérances.

Mon attention s'est dès longtems portée sur un certain nombre de questions successivement soulevées et qui touchent aux intérêts les plus sérieux du pays. Elles sont restées en suspens vu que leur solution demandoit la coopération des États. Des considérations majeures, dont l'appréciation M'est réservée, ne M'avoient pas permis de réunir les représentants des quatre ordres du Grand-Duché durant les premières années de Mon règne. Néanmoins, J'ai pris à temps des mesures préparatoires pour arriver à ce but, et aujourd'hui que les circonstances ne sont plus de nature à motiver un plus long ajournement, Jc Vous ai convoqués, afin de Vous faire part, après avoir préalablement entendu Mon Sénat de Finlande, des projets de loi et de quelques affaires administratives, dont Vous aurez à Vous occuper durant la session actuelle. Considérant leur gravité, Je les ai d'abord fait examiner par une commission, composée de personnes investies de la confiance de la nation. La publicité accordée aux débats de cette commission Vous à fait connoitre d'avance l'objet de vos déliberations et Vous avez été à même d'approfondir ces projets de loi en consultant les opinions et les besoins du pays. Malgré leur nombre et leur importance il Vous sera en conséquence possible d'en terminer l'examen définitif dans le délai fixé par la loi.

L'exposé financier qui Vous sera communiqué, Vous prouvera que les revenus de l'État ont toujours suffi pour couvrir les dépenses courantes et que l'accroissement considérable des impôts indirects, témoignage de la prospérité publique, a permis d'appliquer des ressources plus étendues au développement matériel et moral du pays.

J'ai autorisé le gouvernement du Grand-Duché à contracter des emprunts uniquement pour faire face aux besoins de la dernière guerre et pour couvrir les frais de construction du chemin de fer entre Helsingfors et Tavastehus.

Le compte rendu de l'emploi de ces emprunts, qui Vous sera également communiqué, Vous fera voir que les revenus actuels de l'État suffisent pour amortir cette dette avec ses intérêts. Mon désir est toutefois qu'à l'avenir aucun nouvel emprunt ne soit fait sans la participation des États du Grand-Duché, à moins qu'une invasion inopinée de l'ennemi ou quelque autre malheur public imprévu ne Nous en fasse une nécessité.

Les nouvelles contributions que Je fais proposer à la Diète tendent à réaliser différentes mesures destinées à augmenter le bien-être du pays et à faire prospérer l'enseignement du peuple. C'est à Vous de décider de l'urgence et de l'étendue de ces mesures.

Plusieurs des stipulations des lois fondamentales du Grand-Duché ne sont plus applicables à l'état des choses survenu depuis sa réunion à l'Empire; d'autres manquent de clarté et de précision. Désirant remédier à ces imperfections, Mon intention est de faire élaborer un projet de loi qui contiendra des explications et des suppléments à ces stipulations pour être soumis à l'examen des États lors de la prochaine Diète, que Je pense convoquer dans trois ans. En maintenant le principe Monarchique constitutionnel inhérent aux moeurs du peuple Finlandois et dont toutes ses lois et ses institutions portent le caractère, Je veux faire admettre dans ce projet un droit plus étendu que celui que possèdent déjà les États quant au règlement de l'assiette des impôts, ainsi que le droit de motion qu'ils ont anciennement possédé, Me réservant toutefois celui de prendre l'initiative dans toutes les questions qui touchent au changement de la loi fondamentale.

Vous connoissez Mes sentiments et Mes voeux, pour le bonheur et la prospérité des peuples confiés à Ma sollicitude. Aucun de Mes actes n'a pu troubler l'entente qui doit régner entre le Souverain et la nation. Je désire que cette entente continue à être, comme par le passé, le gage des bons rapports qui M'unissent au brave et loyal peuple Finlandois. Elle contribuera puissamment à la prospérité d'un pays bien cher à Mon coeur et Me fournira un nouveau motif pour Vous rassembler périodiquement.

C'est à Vous, Représentants du Grand-Duché, de prouver, par la dignité, la modération et le calme de Vos discussions, qu'entre les mains d'un peuple sage, décidé à travailler, d'accord avec le Souverain, dans un esprit pratique au développement de son bien-être, les institutions libérales, loin d'être un danger, deviennent une garantie d'ordre et de prospérité.

Je déclare ouverte la présente Diète.»

La diète de 1863—1864, inaugurée par ce discours mémorable, a marqué une ère nouvelle dans l'histoire constitutionnelle du grand-duché. La périodicité des diètes fut assurée par la nouvelle loi sur la Diète, promulguée en 1869 après avoir été approuvée par les états dans la session de l'année 1867. Les assemblées des états se sont succédé en 1872, 1877, 1882 et 1885. Toutes ces diètes ont été fertiles en oeuvres législatives comme en mesures financières et économiques. Gouvernement et représentation ont fait leur possible pour suffire à la tâche accumulée depuis 1809 [1].

1. Pour des renseignements détaillés sur cette activité législative, nous renvoyons à une « Notice sur les travaux législatifs de la diète du grand-duché de Finlande (1863—1879) » par M. Montgomery, publiée dans l'annuaire de la Société de législation comparée, 1881.

II. Les sources législatives du droit public.

11. La constitution du grand-duché repose principalement sur les lois fondamentales suivantes :

La «loi sur la Forme du gouvernement» *(Regeringsformen)* du 21 août 1772, modifiée en partie par «l'acte d'union et de sécurité» *(Förenings- och säkerhetsakten)* du 21 février et du 3 avril 1789; et

La loi sur la Diète (*Landtdagsordningen*) du 15 avril 1869; à celle-ci se joint comme appendice le règlement de l'ordre de la noblesse du 21 avril de la même année.

A ce groupe appartiennent aussi des décrets législatifs portant des amendements à certains articles des lois précitées; p. ex. le décret du 20 mars 1879, qui a étendu le droit d'élection et d'éligibilité dans l'ordre de la bourgeoisie, et la loi du 16 juillet 1886, suivant laquelle les états auront désormais, de même que l'Empereur et Grand-duc, le droit d'initiative.

Le statut du Conseil de régence (Sénat) du 18 août 1809 est de nature mixte. Les dispositions principales de cette loi sont du domaine de la constitution; mais elle contient aussi des détails règlementaires d'ordre administratif.

Il faut compter encore parmi les sources générales du droit constitutionnel du pays l'acte passé entre l'empereur Alexandre I et les états de Finlande à l'ouverture de la diète de Borgo, dont nous avons rendu compte ci-dessus n° 3 p. 4 et 5 [1].

Un autre groupe de sources du droit constitutionnel est formé par les lois spéciales concernant les privilèges des quatre ordres, notamment :

les privilèges de l'ordre de la noblesse, de 1723;

les privilèges du clergé, de 1723;

---

1. Le « Chapitre du Roi » (*Konungabalken*) du « Code du pays » (*Landslagen*) de 1442 étant cité dans le 2e § de la loi de 1772 sur la Forme du gouvernement, a aussi une place parmi les actes constitutionnels. Le code de 1442 ne comprenait pas seulement les lois civile et pénale, mais aussi la constitution de ce temps, inscrite dans le « Chapitre du Roi ». Les autres parties du code de 1442 ont été remplacées par le code de 1734; mais le « Konungabalk » est encore cité dans les actes constitutionnels du 18e siècle. C'est pour ne pas rompre le fil du développement historique qu'on a rappelé, par ces citations, les principes exprimés dans les dispositions de la loi de 1442 concernant les rapports entre le pouvoir monarchique et le peuple. Il y a, d'ailleurs, dans le texte de 1442 quelques règles qui n'ont été ni abolies, ni remplacées par des dispositions postérieures. — Or, il y a lieu d'observer que l'interprétation des lois fondamentales de la Finlande qui ont leurs racines dans les temps passés, doit nécessairement s'appuyer sur l'étude des sources historiques.

la confirmation des droits de la bourgeoisie et des villes, de 1789;

la confirmation des droits des paysans, de 1789, et la loi sur les droits des propriétaires de terres non-privilégiées, de la même année.

Ces lois spéciales ont subi des modifications très-sensibles par des actes législatifs émanés surtout depuis 1863.

12. Les lois contenant le *droit administratif* se présentent aussi en deux groupes distincts :

lois établies avec le concours de la diète, parmi lesquelles nous rappellerons les lois sur l'administration communale de 1865 et 1873, le code de l'église luthérienne de 1869, la loi sur le service militaire de 1878, les statuts de la Banque de Finlande de 1867 et 1885; et

ordonnances, règlements, statuts et instructions, émanés du gouvernement seul et réglant le fonctionnement des services publics ainsi que l'exécution des lois.

Le droit public du Grand-duché de Finlande.

III. L'Empereur et Grand-duc.

13. L'Empereur de Russie est Grand-duc de Finlande; le trône du Grand-duché est indissolublement uni au trône de l'Empire. [1]

Il s'en suit que l'ordre de succession au trône de Finlande est le même que celui qui a été établi par les lois impériales pour la succession au trône de Russie.

L'Empereur, à son avènement au trône, publie comme Grand-duc de Finlande un manifeste contenant sa promesse de maintenir l'inviolabilité des lois fontamentales. Il rend, en même temps, un décret ordonnant aux habi-

---

1. C'est dans l'art. IV du code des lois fodamentales de la Russie que se trouve la loi de l'Empire concernant l'union de la Finlande à la Russie; il est de la teneur suivante : «Du trône impérial de toutes les Russies sont inséparables : le trône du Royaume de Pologne et celui du Grand-duché de Finlande».

tants du pays de prêter le serment de fidélité au nouveau souverain.

14. L'organisation politique du Grand-duché de Finlande est celle d'une monarchie constitutionnelle.

Le pouvoir de gouverner le pays appartient à l'Empereur et Grand-duc, — » à Lui et à aucun autre ».

Ce pouvoir est limité par les lois; il est exercé de la manière établie par les lois fondamentales.

L'Empereur et Grand-duc a la mission de veiller au maintien et à l'accomplissement des lois dans l'État. [1]

Le pouvoir judiciaire en dernière instance est exercé au nom de Sa Majesté.

L'Empereur et Grand-duc a le droit, dans les affaires criminelles, de faire grâce, de commuer la peine de mort, de prononcer la réhabilitation et de rendre les biens forfaits.

---

1. Voici le texte dont nous venons de résumer le contenu principal (2e § de la loi sur la Forme du gouvernement) :

L'Empereur et Grand-duc « a le droit de gouverner l État, comme le dit la loi, Lui et aucun autre; il doit appuyer, aimer et conserver la justice et la vérité; mais prohiber, éloigner et supprimer la violence et l'injustice; ne point léser qui que ce soit dans sa vie, son honneur, sa liberté personnelle ou ses intérêts, s'il n'est pas légalement convaincu et condamné; ne point priver ni laisser priver qui que ce soit de ses biens meubles ou immeubles, sans instruction et jugement dans l'ordre prescrit par la loi; et gouverner le pays selon le Chapire du Roi du Code du pays et la présente Loi sur la Forme du gouvernement ».

L'Empereur et Grand-duc commande les forces militaires, pourvoit à la défense du pays, déclare la guerre, conclut les traités de paix, d'alliance et autres.

L'Empereur et Grand-duc nomme aux fonctions et emplois supérieurs de l'État.

Il a le droit de conférer la noblesse aux personnes qui auront particulièrement bien mérité du Souverain et de la patrie; il peut de même élever des nobles au rang de baron ou de comte.

Par la naturalisation, l'Empereur a le droit d'accorder à des étrangers et à des sujets russes la qualité de citoyen finlandais.

Nous parlerons plus loin de la manière dont s'exercent les prérogatives sus-mentionnées et d'autres attributions du pouvoir gouvernemental, dont une partie a été déléguée au Sénat de Finlande.

15. Le pourvoir législatif s'exerce collectivement par l'Empereur et Grand-duc et la Diète du pays.

Ce pouvoir ainsi que la compétence respective de l'Empereur et Grand-duc et de la Diète en matière financière feront l'objet de chapitres spéciaux.

IV. Les organes du gouvernement.

16. L'Empereur et Grand-duc a pour auxiliaires dans l'exercice du gouvernement de la Finlande :

le Sénat, — le Gouverneur-général — et le Secrétariat d'État.

17. *Organisation du Sénat impérial de Finlande.*

Le Sénat est composé de deux départements : celui de la justice, qui est le tribunal suprême, et le département administratif, qui dirige l'administration générale du pays.

Les deux départements réunis forment le Plénum du Sénat.

Le Gouverneur-général préside aussi bien le plénum que chacun des deux départements.

Le département de la justice compte dix membres, dont l'un est vice-président.

Dans le département administratif siègent également dix sénateurs, y compris le vice-président. Ce département embrasse les six sections suivantes :

l'intérieur, — les finances, — les affaires camérales, — les affaires militaires, — les cultes et l'instruction publique, — l'agriculture et les travaux publics.

Chacune de ces sections a pour chef un sénateur, en outre deux sénateurs sont chefs-adjoints des sections de l'intérieur et des finances ; le vice-président et un des membres du département administratif n'ont pas de portefeuille.

Le plénum du Sénat est composé, suivant l'importance et la nature des affaires dont il est saisi, ou de quatre sénateurs de chaque département outre le président, ou bien du président et de tous les sénateurs.

Le Gouverneur général n'assiste pas souvent aux séances du Sénat. En son absence la présidence appartien[illegible] les départements aux vice-présidents, dans le [illegible] plus ancien d'entre eux.

Les sénateurs sont nommés par l'Empereur pour une période triennale, à l'expiration de laquelle leur mandat peut être renouvelé. Tous les sénateurs du département de la justice et au moins deux des membres du département administratif doivent avoir la compétence requise pour les fonctions de juge.

Les affaires sont rapportées par des secrétaires référendaires, sauf les questions budgétaires, dont le rapport est confié aux camériers gérant les comptoirs financiers du Sénat. Les secrétaires référendaires et les camériers sont nommés par l'Empereur.

Dans les départements, comme dans le plénum du Sénat, les décisions sont prises à la majorité des voix. En cas de partage des voix, le vote du président est décisif.

Quant aux résolutions à prendre dans les sections du département administratif, c'est le sénateur-chef ou chef-adjoint seul, qui décide sur le rapport du secrétaire référendaire ou du camérier.

Le Procureur général a le droit d'assister aux séances du Sénat, toutefois sans prendre part aux délibérations ni aux votes. Il est nommé par l'Empereur, ainsi que l'adjoint du procureur, son auxiliaire et suppléant.

Un comité permanent est adjoint au Sénat pour l'élaboration des projets de lois. Le co[illegible]ille sous la direction d'un sénateur, désigné[illegible]énat pour chaque question législative dont le [illegible]ité est chargé. Le Sénat, en plénum, nomme les membres du comité pour une période triennale.

18. *Attributions du plénum du Sénat.*

Le Sénat, en séance de tous les sénateurs,

prépare les projets de lois et les autres propositions que l'Empereur et Grand-duc soumettra à la Diète;

donne son avis à l'Empereur sur les résolutions et les pétitions de la Diète;

reçoit et promulgue les lois sanctionnées ainsi que les manifestes de l'Empereur.

Le plénum de huit membres

résout les questions de dispense de la loi;

décide différentes affaires du ressort de l'administration de la justice;

décide les questions de compétence surgies au sein du Sénat;

donne son avis sur les questions internationales qui ne ressortissent pas au département administratif;

prépare, pour les soumettre à l'Empereur et Grand-duc, des projets d'ordonnances et de règlements, notamment ceux qui ont rapport soit à l'administration de la justice, soit aux droits généraux des fonctionnaires publics; toutefois, les plus importantes de ces questions législatives sont traitées dans le plénum de tous les sénateurs.

En certaines matières, déterminées par la loi, le plénum est autorisé à faire des règlements sans les soumettre à la sanction de l'Empereur.

19. *Attributions du département de la justice.*

Le département de la justice doit veiller à ce que justice soit faite dans le pays selon les lois.

Il juge en dernière instance les causes civiles et criminelles qui ont été l'objet d'un recours au Souverain après avoir été jugées par une cour d'appel, ou par un tribunal spécial pour le partage des terres, ou bien par le tribunal militaire supérieur; toutefois les condamnations à la peine de mort, avant d'être exécutées, sont soumises à la ratification de l'Empereur.

Le département examine les recours en grâce: s'il trouve la demande motivée, elle est soumise à la décision de l'Empereur; sinon, le département la rejette. Toutefois, quand il y a eu condamnation à la peine capitale, la demande en grâce doit toujours être soumise à l'Empereur.[1]

Le département est encore autorisé à faire grâce aux personnes condamnées pour délits à des peines correctionnelles; il peut commuer ou modifier certaines peines infligées par les cours d'appel.

Le département de la justice présente à la nomination de l'Empereur les candidats aux places de bourgmestre, de juge de première instance et de membre des cours d'appel; il nomme aux places de secrétaire et de procureur des cours d'appel.

20. *Attributions du département administratif et de ses sections.*

Toute affaire qui doit être soumise au département administratif, passe d'abord par l'une des sections.

La section de l'intérieur est chargée des questions qui regardent la sécurité publique, l'hygiène publique, la poste et le télégraphe, le régime de la presse, les

---

1. Depuis 1826 la peine de mort n'a j'amais été appliquée.

imprimeries et les librairies, l'économie des prisons, les édifices publics qui ne sont pas d'un autre ressort, la statistique officielle, la naturalisation des étrangers, les pensions aux fonctionnaires civils, l'administration des provinces, l'administration communale et ses rapports avec les autorités de l'État, certaines questions internationales.

Sont du ressort de *la section des finances* les affaires concernant : l'établissement du budget général, l'administration du trésor et le crédit public, la douane, les droits sur l'eau de vie, le timbre et autres impôts, excepté l'impôt foncier; le pilotage côtier, les phares et les travaux hydrographiques; les banques, le commerce, la navigation et l'industrie.

A *la section des affaires camérales* appartiennent les questions relatives au système de l'impôt foncier, à la perception des impôts, à la comptabilité publique et au contrôle financier; à la géodésie et aux terres et pêcheries domaniales.

La section des affaires militaires est chargée de la préparation du budget militaire, et de la comptabilité qui s'y rattache, de toutes les questions ayant rapport à l'économie des troupes et des institutions militaires ainsi qu'à l'application de la loi sur le service militaire obligatoire.

La section des cultes et de l'instruction publique comprend non seulement les intérêts de l'église luthérienne, mais aussi les questions relatives à d'autres confessions; à son ressort appartiennent les questions qui regardent l'instruction publique, à l'exception des écoles professionelles, les sciences et les beaux arts; cependant l'Université jouit d'une autonomie dont il sera parlé plus tard.

La section de l'agriculture est chargée des affaires concernant l'agriculture et l'économie rurale, les forêts, les travaux de dessèchement, les chemins de fer, canaux et autres travaux publics.

Il appartient en général aux sections : de préparer les affaires à l'examen du département administratif, de surveiller l'activité des autorités et agents publics de leurs ressorts respectifs, de prendre l'initiative de mesures d'utilité publique et de soumettre au département les projets tendant à réaliser ces mesures.

Toutefois, les sections ont été autorisées à décider, sans en faire rapport au département, d'une foule de questions de moindre importance, déterminées par les ordonnances réglant les travaux du Sénat. — Il y a lieu de rappeler ici que les sections rendent compte, dans des aperçus périodiques, de la marche des affaires dans leurs ressorts respectifs; ces aperçus sont présentés au Sénat et distribués parmi les membres de la Diète. — Les sénateurs chefs et chefs-adjoints des sections font des voyages d'inspection dans le pays.

Quant à la compétence du département administratif, son action dépend du caractère des affaires dont il s'agit.

Les questions de nature à exiger la décision du Souverain donnent lieu à des projets ou à des avis, que le département soumet à l'Empereur. Telles sont : les mesures de réformes dans l'organisation administrative, la création de nouveaux emplois, le règlement du budget et toute mesure financière sortant du cadre du budget sanctionné, les nominations aux emplois supérieurs, la naturalisation des étrangers, les actes législatifs dans le domaine de l'administration qui n'exigent pas le concours de la Diète et qui ne sont pas du ressort du plénum du Sénat.

Le département administratif donne son avis sur les projets de conventions internationales en matière économique.

Mais le plus grand nombre des affaires est décidé en définitive par ce département du Sénat, comme autorité suprême pour l'administration du pays. Suivant le statut de 1809, la compétence du Sénat est en général limitée par les lois, les budgets et les prescriptions de l'Empereur; c'est un pouvoir exécutif dans le sens le plus strict du mot. Mais avec le temps, la compétence du Sénat, et surtout celle du département administratif, a été sensiblement élargie. Ainsi, le département est autorisé :

à régler par des instructions ou des statuts les fonctions des autorités subordonnées et l'administration des biens publics;

à décréter les tarifs et les règlements des chemins de fer et des canaux;

à nommer aux emplois publics d'un rang inférieur à la 7e classe;

à accorder des rémissions du régime douanier;

à diminuer ou à augmenter le personnel de la douane, des stations de pilotage et des phares;

à sanctionner l'organisation d'associations, de sociétés et de corporations; etc.

C'est par les ordonnances du 2 juin 1826, du 28 novembre 1859, du 20 avril 1863 et notamment par l'ordonnance du 15 janvier 1883 que l'Empereur et Grand-duc a délégué au Sénat le droit de décider maintes affaires réservées jusqu'alors à l'examen du Souverain.

Il faut ajouter que le département administratif juge, en dernière instance, les questions contentieuses du domaine de l'administration publique.

21. *Observations générales.*

Nous avons déjà mentionné, en parlant des attributions du plénum du Sénat, qu'il promulgue les lois. De même, tous les actes législatifs qui n'ont pas exigé le concours de la Diète, sont promulgués par le Sénat, soit en plénum, soit dans le département administratif.

Il appartient d'ailleurs au Sénat d'exécuter ou de faire exécuter les décisions et les ordres de l'Empereur et Grand-duc.

La décision de Sa Majesté est toujours expressément citée par le Sénat quand elle a eu lieu, soit qu'il s'agisse de la promulgation d'un acte législatif, soit que la décision ne concerne qu'une mesure administrative. Mais pour les jugements du Sénat comme pouvoir judiciaire, ainsi que pour les décisions prises en vertu du pouvoir que le Souverain a délégué au Sénat, l'on se sert toujours de la formule « au nom de Sa Majesté ».

Tout acte émanant du Sénat ou des sections du département administratif du Sénat, est contresigné par le rapporteur.

On voit par cet exposé que le Sénat a trois fonctions : celle de conseil du Souverain, lui présentant des avis et des projets, — celle d'autorité exerçant le pouvoir gouvernemental, — et celle de tribunal suprême. Cette organisation ne s'éloigne-t-elle pas du principe généralement reconnu de la séparation de l'autorité judiciaire et de l'autorité administrative? — En prenant en considération que l'essence même de ce principe est qu'il soit défendu aux autorités administratives d'empiéter sur le terrain des tribunaux, — et que le département de la justice du Sénat de Finlande exerce ses fonctions de tribunal suprême en toute indépendance et en parfaite séparation du département administratif, — une réponse négative à la question posée ci-dessus, sera suffisamment justifiée. Or, en envisageant l'organisation du Sénat à un autre point de vue, l'on reconnaitra que le concours des premiers jurisconsultes à la préparation des projets de lois et aux affaires qui regardent l'administration de la justice, ne peut pas être sans utilité pour le pays. [1]

La responsabilité ministérielle ne fait pas partie des institutions constitutionnelles de la Finlande. Il résulte, par interprétation *ex analogia,* des dispositions de la loi de 1772 sur la Forme du gouvernement, que les sénateurs ne peuvent être mis en accusation que par ordre de l'Empereur et Grand-duc, et que la poursuite doit avoir lieu devant un « tribunal d'État » spécial, composé de hauts fonctionnaires. Mais les prescriptions de la loi de 1772 sur la composition de ce tribunal ne sont pas applicables en pratique avant d'avoir subi des modifications. Or, depuis 1809, aucun incident n'a appelé l'attention du législateur sur cette lacune.

---

1. L'organisation du Sénat de Finlande, si différente des institutions actuelles de la plupart des États, a son origine dans l'ancien Conseil d'État suédois (Riksrådet) tel qu'il était organisé depuis 1632 jusqu'en 1789. Celui-ci aussi comprenait une section pour l'exercice du pouvoir judiciaire en dernière instance.

22. *Le Gouverneur-général.*

Le Gouverneur-général, étant en premier lieu président du Sénat, a sa part des attributions du Sénat. Quant aux fonctions du président, elles consistent :

à recevoir les rescrits de l'Empereur et à les remettre au Sénat;

à recevoir les mémoires du Sénat à l'adresse de Sa Majesté et à les expédier au Secrétariat d'État de Finlande;

à suivre la marche des travaux du Sénat, pour constater que les lois sont observées et que les ordres de l'Empereur sont exécutés, en vue de quoi le Gouverneur-général reçoit non seulement toutes les listes des secrétaires-référendaires contenant l'ordre du jour, mais aussi, pour chaque période de six mois, des tableaux complets sur les affaires dont le Sénat a été saisi et sur les mesures arrêtées, ainsi que des comptes-rendus financiers.

Dans les cas où le Gouverneur-général ne partage pas l'opinion du Sénat sur des questions devant être soumises à l'Empereur, il a le droit de joindre son avis divergent au mémoire du Sénat.

Le Gouverneur-général est aussi muni de la qualité de chef des autorités exécutives. Il lui appartient, en cette qualité, de veiller à la sécurité publique, à la stricte observation des ordres du gouvernement et au respect des droits légaux des habitants du pays. Il surveille l'activité de la police et d'autres fonctionnaires publics, chargés de mesures exécutives. Il ordonne en ces matières, de concert avec le département administratif du Sénat, ou bien immédiatement en cas d'urgence, des mesures à prendre par les gouverneurs des provinces; toutefois, si l'ordre est donné immédiatement, le département administratif doit en être averti pour qu'il n'y ait pas collision d'ordres.

Le Gouverneur-général fera souvent des voyages dans le pays pour inspecter les institutions publiques. Il en fait des rapports à l'Empereur.

Il s'instruira sur la situation de l'agriculture, du commerce et de l'industrie et prêtera son concours aux mesures qui peuvent favoriser le développement de ces sources de prospérité.

Il fait présentation à l'Empereur des fonctionnaires publics et des autres personnes qui par leurs services distingués ou par leur activité utile ont mérité des récompenses.

Les sénateurs, le procureur et les gouverneurs sont nommés sur la présentation du Gouverneur-général.

La chancellerie du Gouverneur-général est chargée de sa correspondence en tant qu'elle ne regarde pas les affaires purement militaires. Le directeur de la chancellerie prépare les questions et en fait rapport au Gouverneur-général.

Le Gouverneur-général commande non seulement les troupes finlandaises, mais aussi les troupes russes qui peuvent être placées en Finlande. Quant à ses attributions comme chef de l'armée finlandaise, nous y reviendrons en parlant de l'organisation militaire.

Le Gouverneur-général est remplacé, en cas de maladie, de congé ou d'absence du pays, par l'*adjoint du Gouverneur-général*. Cette charge, qui avait existé aussi à des époques antérieures, a été réinstituée par un décret de 1885.

23. *Le Procureur général.* Le Procureur doit veiller à l'observation des lois par les fonctionnaires publics afin qu'aucun citoyen, quelle que soit sa condition, ne soit lésé dans ses droits. Étant en cette fonction l'auxiliaire du Gouverneur-général, c'est de lui que le Procureur reçoit des ordres.

Le Procureur doit assister aux séances du Sénat autant que ses autres occupations le lui permettent[1]. Il constate de cette manière, ainsi que par la lecture des procès-verbaux, que les règles de la procédure sont observées.

« S'il arrivait que le Gouverneur-général ou le Sénat, dans l'exercice de leurs fonctions, s'écartassent

---

1. Il s'est établi en pratique, que le Procureur est présent à toutes les séances du plénum du Sénat et à la lecture du procès-verbal dans le département de la justice.

des lois, il est du devoir du Procureur de faire des remontrances, en indiquant en quoi consiste l'écart; mais s'il n'est pas tenu compte de ces remontrances, lc Procureur fera un rapport détaillé de la cause à l'Empereur et Grand-duc. »

Le Procureur est le supérieur des accusateurs publics du pays. Il fait, ou ordonne de faire, des poursuites en justice contre des fonctionnaires publics, soit pour des causes que le Sénat ou le Gouverneur-général lui ont remises, soit de son propre chef, soit sur des plaintes à lui adressées par des particuliers.

Il suit avec attention la procédure des tribunaux et le traitement des détenus dans les prisons. Il reçoit des rapports là-dessus. Il fait des voyages d'inspection et de contrôle.

Chaque fois que la Diète est réunie, le Procureur doit remettre aux états du pays un rapport sur l'administratiou de la justice et sur l'application des lois pendant la période qui s'est écoulée depuis la dernière Diète.

24. *Le Secrétariat d'État de Finlande.*

Pour le maniement des affaires qui exigent la décision de l'Empereur et Grand-duc, il y a, à St.-Pétersbourg, le Secrétariat d'État pour le Grand-duché de Finlande.

Cette institution se compose du *Ministre-secrétaire d'État*, et de son adjoint, nommés par l'Empereur, ainsi que de la chancellerie de Sa Majesté pour les affaires de Finlande.

Le Ministre-secrétaire d'État rapporte à l'Empereur toutes les affaires soumises par le Sénat et le Gouverneur-général à la décision de Sa Majesté, excepté les affaires exclusivement militaires.

Pour ces rapports il fait rédiger des notes en langue russe contenant un résumé de l'affaire et de l'opinion du Sénat et du Gouverneur-général; cependant, dans les affaires de grande importance, le mémoire du Sénat et l'avis du Gouverneur-général, s'il en diffère, doivent être soumis à l'Empereur en traduction complète.

Le Ministre-secrétaire d'État a le droit de demander, par l'intermédiaire du Gouverneur-général, les renseignements qu'il juge nécéssaires avant de faire son rapport.

Suivant les règles établies par le Statut de 1826 sur le secrétariat d'État, les décisions de l'Empereur s'expriment soit par des actes signés par lui, toujours munis du contre-seing du Ministre-secrétaire d'État, et expédiés dans l'original au Gouverneur-général, soit par des annotations en marge du rapport. Dans le dernier cas, la décision de Sa Majesté est communiquée au Gouverneur-général par une lettre du Ministre, lequel est responsable de la conformité de cet écrit avec la volonté du Souverain.

Tous les écrits qui doivent parvenir au Sénat sont rédigés non seulement en russe, mais aussi en suédois. Les premiers secrétaires d'expédition, préposés aux deux sections de la chancellerie, sont responsables de la conformité des deux textes.

Le Ministre-secrétaire d'État est l'organe intermédiaire pour la correspondance avec les ministres et d'autres autorités supérieures de l'Empire, concernant les affaires qui, ayant rapport et à l'Empire et au Grand-duché, donnent lieu à des communications de part ou d'autre. — Toutefois, il peut y avoir correspondance directe entre le Gouverneur-général et des autorités de l'Empire lorsqu'il ne s'agit que de demander des démarches exécutives. [1]

25. *Comité pour les affaires de Finlande.* Ce comité, institué auprès du secrétariat d'État (voyez n° 8 p. 14) est composé du Ministre-secrétaire d'État, comme président, et de quatre membres. L'adjoint du ministre fait toujours partie du comité, les trois autres membres sont nommés par l'Empereur pour des périodes triennales. L'un de ces trois est choisi directement par l'Empereur, les deux autres sont proposés par le Gou-

---

1. En outre, il est établi par le règlement sur l'administration du pilotage et des phares de Finlande que le Gouverneur-général envoie directement au Ministère de la marine de l'Empire des communications concernant certaines mesures du ressort de la dite administration.

verneur-général et le Sénat en commun, parmi les sénateurs ou bien parmi d'autres hauts fonctionnaires.

Le Comité examine les affaires qui lui sont communiquées par le Ministre-secrétaire d'État sur l'ordre de l'Empereur, et donne son avis sur ces affaires. L'avis du comité est inséré dans un procès-verbal qui doit rendre compte en même temps des opinions émises par le Sénat et le Gouverneur-général. Ce procès-verbal fait partie des actes que le Ministre présente à l'Empereur en faisant son rapport.

26 et 27. *Ministres de l'Empire exerçant des fonctions pour le Grand-duché.*

26. *Le Ministère des affaires étrangères.* Les affaires concernant les relations de la Finlande avec les pays étrangers ne sont pas rapportées à l'Empereur par le Ministre-secrétaire d'État de Finlande. L'union du Grand-duché à la Russie ayant pour conséquence la communauté des rapports avec les puissances étrangères, la compétence du Ministère des affaires étrangères de l'Empire s'étend aussi aux affaires de la Finlande. Ce Ministère s'adresse au Ministre-secrétaire d'État de Finlande pour recevoir soit l'avis du Sénat de Finlande sur des questions internationales qui regardent les intérêts de ce pays, soit des renseignements trouvés nécessaires pour la représentation de ces intérêts.

Les traités, ratifiés par l'Empereur, qui ne se rapportent pas exclusivement aux affaires de l'Empire, sont communiqués au Sénat de Finlande, qui les fait publier dans le bulletin des lois du Grand-duché.

Les consuls russes à l'étranger sont tenus d'appliquer les lois de Finlande en tout ce qui regarde les navires et les sujets finlandais.

27. *Le Ministre de la guerre.* Il a été établi par une disposition de la loi de 1878 sur le service militaire en Finlande, que les affaires relatives aux troupes finlandaises qui ne rentrent pas dans le cadre soit de la législation soit de l'administration économique, ou pour lesquelles la loi ne prescrit pas une autre procédure, sont rapportées à l'Empereur et Grand-duc par le Ministre de la guerre de l'Empire, exerçant en ceci les mêmes fonctions pour l'armée de la Finlande. Un officier finlandais, colonel ou major-général, placé auprès du Ministre, est chargé de la présentation immédiate au Ministre de toutes les affaires concernant l'armée finlandaise, lesquelles, en vertu de la dite loi, ressortissent au Ministre de la guerre ou sur lesquelles son avis est demandé.

V. La Diète.

28. *Dispositions générales.* Les états du Grand-duché de Finlande se composent de quatre ordres : la noblesse, le clergé, la bourgeoisie (députés des villes) et les paysans (députés des communes rurales).

Chacun de ces ordres a la même compétence et la même autorité.

Les états se réunissent au moins tous les cinq ans en Diète ordinaire. L'Empereur et Grand-duc convoque la Diète. Il peut aussi convoquer une Diète extraordinaire, dont la compétence ne s'étendra pas au delà des affaires qui en ont motivé la réunion ou qui d'ailleurs lui sont soumises par l'Empereur.

La Diéte se réunit dans la capitale du pays.

La durée normale d'une session ordinaire est de quatre mois, mais elle peut être prolongée. La session peut aussi être close avant ce terme, sur la demande de tous les ordres, ou si l'Empereur juge opportun de dissoudre la Diète.

29. *L'ordre de la noblesse.* Le droit de représentation dans cet ordre appartient, à titre héréditaire, à tous les chefs des familles nobles du pays dûment inscrites dans les rôles de la « Maison de la noblesse ». En cas d'abstention du chef de famille, le droit de siéger à la Diète peut être exercé par un autre membre de la famille, suivant l'ordre de primogéniture. Si, dans le délai indiqué par la loi, aucun membre de la famille ne s'est présenté pour prendre place à la Diète, le chef de famille peut déléguer son droit, par plein pouvoir, à un membre d'une autre famille noble.

Le nombre actuel des familles nobles de Finlande est de 237 (dont 7 comtes, 45 barons, 185 gentilhommes non-titrés).

Le nombre total des membres de l'ordre de la noblesse siégeant à la Diète a été de 100 à 140.

30. *L'ordre du clergé* comprend :

a) L'archevêque et les deux évêques de l'Église luthérienne ;

b) 28 députés, élus par le clergé luthérien des trois évêchés ;

c) 1 à 2 députés choisis par les professeurs et les employés de l'Université d'Helsingfors ;

d) 3 à 6 députés choisis par les professeurs et instituteurs des lycées et autres écoles publiques.

Les élections se font de la manière adoptée par les différents groupes des ayant-droit à l'élection; on a adopté le système des élections directes.

31. *L'ordre de la bourgeoisie* se compose des députés des villes. Le droit électoral appartient à tous les habitants des villes qui y ont leur domicile légal, sont taxés selon la loi communale et ont dûment payé les impôts à la commune.

Sont exclus de ce droit :

les nobles et les personnes qui ont droit d'élection dans l'ordre du clergé,

les femmes,

les soldats, les matelots, les domestiques.

Chaque ville envoie un député, mais celles dont la population est de six mille âmes en envoient deux et, en sus, un député par nombre complet de six mille habitants. Toutefois une ville de moins de 1500 habitants a le droit de s'unir à une autre ville de moins de 6000 habitants, pour le choix d'un député.

Les voix sont comptées d'après les unités de taxations, avec ou sans limitation à un maximum de voix, les villes étant autorisées par la loi à régler elles-mêmes le système d'élection, sauf à soumettre le règlement à l'approbation de l'Empereur. — Les élections directes sont appliquées dans toutes les villes.

A la Diète de 1885, le nombre des députés des villes était de 54.

32. *L'ordre des paysans.* Les communes rurales choisissent un député par chaque juridiction rurale *(domsaga);* le nombre de ces juridictions est actuellement de 60.

Le droit de vote appartient à tout propriétaire d'immeuble cadastré, ainsi qu'à ceux qui ont affermé des terres domaniales. Sont exclus de ce droit : ceux qui appartiennent à un autre ordre que celui des paysans, ou qui occupent une fonction de l'État.

Les élections sont à deux degrés. Les électeurs de chaque commune rurale choisissent un électeur du second degré, ou plus, si la population de la commune dépasse deux mille habitants (chaque nombre complet de deux mille habitants donnant droit à un électeur du second degré).

Les électeurs du second degré se réunissent devant le juge pour procéder à l'élection du député; ils ont, chacun, une voix.

33. *Droit de suffrage et éligibilité.* En observant les conditions spéciales susmentionnées pour le droit d'élire des députés dans l'ordre du clergé, l'ordre de la bourgeoisie et celui des paysans, ce droit appartient à tout citoyen finlandais majeur dans la circonscription où il demeure. Pour le droit électoral, le culte que professe le citoyen n'est pas pris en considération.

Le droit électoral, dans chacun des trois ordres, est perdu ou suspendu par les causes suivantes :

1°) Mise en tutelle;

2°) Insolvabilité ou faillite;

3°) Condamnation à une peine infamante;

4°) Perte, par arrêt du tribunal, de droits civiques qualifiés;

5°) Achat ou vente de suffrages, corruption ou fraude électorale, atteinte à la liberté de suffrage.

Sont exclus encore :

Ceux qui n'ont pas été inscrits comme citoyens finlandais pendant les trois années qui précèdent l'élection;

Ceux qui se présentent comme électeurs dans le collège électoral d'un ordre, après avoir déjà voté dans celui d'un autre ordre.

Le droit de vote ne peut jamais être exercé par procuration.

Tout électeur est *éligible* dans l'ordre auquel il appartient, soit dans la circonscription où il demeure, soit dans une autre, pourvu qu'il ait atteint l'âge de vingt-cinq ans, qu'il professe un culte chrétien et qu'il ne se trouve dans aucun cas d'incapacité électorale.

Tout ce qui est statué concernant les conditions générales pour le droit électoral et pour l'éligibilité ainsi que sur les cas d'incapacité, s'applique aussi au droit de représentation dans l'ordre de la noblesse.

34. *Garanties de l'indépendance des élections.*

Tout fonctionnaire public qui abuse de son autorité pour influencer les élections sera destitué de ses fonctions.

Toutes atteintes à la liberté du suffrage, exhortations, menaces ou violence, sont punies d'emprisonnement.

35. *Droits et devoirs des représentants.*

La durée du mandat est celle d'une session de la Diète.

Un représentant ne peut être empêché de se rendre à la Diète et d'y exercer ses fonctions de représentant; sauf, en cas de guerre, s'il appartient à l'armée.

Il n'y a pas de mandat impératif : les députés ne sont liés, dans l'exercice de leurs fonctions, que par les prescriptions des lois fondamentales.

Les représentants sont tenus d'observer de la dignité et de la modération dans leurs discours; mais aucun membre de la Diète ne pourra être poursuivi ni privé de sa liberté à raison de ce qu'il aura dit ou fait en la dite qualité, à moins que l'ordre dont il est membre n'autorise cette poursuite par une résolution formelle, à laquelle au moins les cinq sixièmes des membres présents auront adhéré.

Si un membre de la Diète, pendant la durée de la session, ou dans le voyage entrepris pour se rendre à la Diète ou en revenir, le but de ce voyage étant connu, est molesté en paroles ou en faits, ou s'il a à subir quelque violence après la Diète, à l'occasion de l'exercice de ses fonctions, le crime sera puni comme ayant eu lieu dans des circonstances très-aggravantes.

Les députés élus ont droit à une indemnité pour la durée de la Diète ainsi que pour les frais de voyage.

36. *Vérification des pouvoirs.*

Les réclamations ou plaintes que peuvent provoquer les élections, sont jugées, en dernier ressort, par le département de la justice du Sénat.

Sitôt que la Diète est réunie, les pouvoirs des membres élus sont vérifiés, quant à l'observation des formes prescrites, par un haut fonctionnaire public désigné par l'Empereur et Grand-duc, tout droit réservé aux ordres de statuer eux-mêmes sur la validité des élections.

Les membres de la noblesse ont à établir leurs titres devant le comité permanent des affaires de la noblesse.

37. *La Diète est constituée* par la nomination des présidents, l'ouverture solennelle et la formation des commissions.

Chacun des ordres a son président et son vice-président, qui sont nommés par l'Empereur et Grand-duc et choisis respectivement parmi les membres de chacun d'eux; mais, dans l'ordre du clergé, l'archevêque doit toujours être désigné comme président, ou, en cas de son absence, l'un des évêques.

Les secrétaires sont élus par chaque ordre, excepté dans l'ordre des paysans, dont le secrétaire est nommé par l'Empereur parmi les jurisconcultes.

Au jour indiqué, tous les ordres, après avoir assisté à un service divin, se réunissent dans la salle du trône, où l'Empereur ou son représentant, fait une allocution aux états et déclare la Diète ouverte; après quoi les présidents présentent à tour de rôle, dans un discours, leurs hommages à Sa Majesté. Puis l'Empereur communique aux états la liste des propositions qui leur seront soumises.

Dans les huit jours après son ouverture, chaque Diète ordinaire nomme cinq commissions chargées de la préparation des affaires. Ce sont : la commission de législation, la commission des affaires économiques, la commission des finances, la commission des impôts extraordinaires et la commission de la banque.

La Diète peut en outre former d'autres commissions spéciales si elle le juge nécessaire.

Les membres des commissions sont au nombre de douze ou de seize. Chacun des ordres choisit le quart des membres de chaque commission, au moyen d'électeurs qu'il désigne à cet effet. — Les sénateurs ne peuvent pas être membres des commissions.

Les commissions choisissent elles-mêmes leurs présidents et leurs secrétaires.

38. *Séances.* Les quatre ordres siègent séparément.

La solution définitive d'une affaire qui a été l'objet d'une délibération, ne peut être proposée avant que l'ordre, sur l'avis de son président, ait déclaré la discussion fermée. Après cette déclaration, la proposition doit être formulée; elle sera résolue par *oui* ou *non*, et le président devra déclarer quel est, selon lui, le résultat de l'épreuve. L'on se conformera à cette déclaration à moins que le scrutin secret ne soit demandé, lequel ne peut être refusé; chaque membre a d'ailleurs la faculté de faire consigner son opinion personnelle au procès-verbal. — Le scrutin a lieu au moyen de bulletins imprimés, contenant *oui* ou *non;* ils seront fermés ou roulés avant d'être mis dans l'urne.

Les résolutions d'un ordre seront communiquées sans retard aux autres ordres sous forme d'extraits du procès-verbal.

Les ordres peuvent se réunir en séance générale sur la proposition d'un ordre, appuyée d'au moins un des autres ordres. Ces séances, où la présidence appartient, par droit de priorité, au président de l'ordre de la noblesse, et auxquelles les sénateurs peuvent assister de la part du gouvernement, ne peuvent être que délibérantes : les résolutions sur les questions ainsi débattues sont prises en séance ordinaire de chaque ordre, immédiatement après clôture de la séance générale et sans renouvellement de la discussion.

Les séances sont publiques, mais elle peuvent être déclarées secrètes, en vertu d'une décision à cet effet.

Dans l'ordre de la noblesse l'on ne se sert que de la langue suédoise; dans les autres ordres l'usage du suédois et de la langue finnoise est facultatif. Dans l'ordre des paysans la traduction est obligatoire et se fait par des interprètes officiels.

39. *Résolutions de la Diète.*

Les résolutions sont prises, dans chaque ordre, à la majorité absolue des votes exprimés.

Nous expliquerons dans les chapitres suivants : en quelles matières l'accord des quatre ordres est nécessaire pour qu'il y ait résolution valable de la Diète, et en quelles autres il suffit à cet effet de l'accord de trois des ordres, ainsi qu'à quelle occasion il est procédé à la formation d'une grande commission de soixante membres, munie des pouvoirs de la Diète elle-même pour la résolution des questions qui lui sont soumises.

Il est formé une commission spéciale, composée de deux membres de chaque ordre, pour l'expédition des affaires. Cette commission est chargée de la rédaction définitive des écrits par lesquels les états présentent à l'Empereur et Grand-duc, soit leurs réponses aux projets émanés de l'Empereur, soit leurs propositions ou leurs pétitions.

La rédaction est vérifiée soit par les ordres eux-mêmes, soit par des délégués désignés à cet effet.

Le recez est signé par tous les membres de la Diète; mais les autres expéditions ne le sont que par les présidents des quatre ordres.

Tous ces actes, ainsi que les projets de l'Empereur et Grand-duc, sont publiés dans les deux langues du pays.

40. *Attributions de la Diète.*

Les états du pays, réunis en Diète, représentent la nation.

Ils exercent, collectivement avec l'Empereur et Grand-duc, le pouvoir législatif.

Ils votent les impôts; ils ont leur part au règlement des finances.

Ils exercent, par leurs délégués, le gouvernement, la surveillance et le contrôle de la banque de l'État (« Banque de Finlande »).

Ils donnent leurs avis sur des projets administratifs soumis à leur délibération par l'Empereur et Grand-duc.

Ils ont le droit de pétition. Les états usent en général de ce droit pour demander des mesures qui dépendent du pouvoir gouvernemental; mais ils peuvent aussi, par voie de pétition, demander des projets de lois. Chaque membre de la Diète a le droit de proposer une pétition; cette proposition doit être faite dans les quinze jours après l'ouverture de la Diète; elle est soumise à l'examen préalable d'une des commissions de la Diète.

VI. De la législation.

41. *Différentes catégories de lois.*

Au point de vue de la compétence législative il y a lieu de distinguer deux catégories de lois :

a) lois proprement dites, résultant du concours du Souverain et de la Diète; et

b) décrets, statuts, ordonnances et règlements d'administration publique, n'exigeant pas le concours de la Diète.

Les actes constitutionnels, dans leurs dispositions relatives au pouvoir législatif, n'ont en vue que la première de ces deux catégories, — la législation administrative étant comprise parmi les attributions du pouvoir gouvernemental.

La législation proprement dite, qui s'exerce collectivement par l'Empereur et Grand-duc et la Diète, comprend :

1°) les lois fondamentales et les privilèges des ordres;

2°) les lois en matières civile et pénale et les lois sur la procédure et sur l'exécution civiles et criminelles;

3°) les lois sur l'église luthérienne et sur les droits des autres cultes;

4°) le code maritime;

5°) les lois sur l'organisation militaire;

6°) les lois sur la banque de Finlande et sur le système monétaire;

7°) les lois sur les impôts;

8°) les lois en matière économique et administrative qui n'ont pas pour objet les fonctions des agents publics, mais dont les dispositions concernent les droits et les devoirs des citoyens; telles sont : les lois sur l'industrie et le commerce, les lois agraires, les lois sur l'administration communale, etc.

42. *Droit d'initiative.*

L'Empereur et Grand-duc a le droit d'initiative en toute matière législative [1].

La Diète a le même droit, mais avec certaines limitations : il ne s'étend pas aux lois fondamentales, ni aux lois sur l'organisation de la défense nationale, ni à la législation sur la presse.

---

1. Il y a cependant une condition à observer quant à la législation en matière ecclésiastique : tout projet de loi concernant l'organisation de l'église luthérienne doit se baser sur une proposition faite par le concile de cette église.

Quant à l'exercice du droit d'initiative de l'Empereur, c'est d'abord le Sénat, en plénum, qui prépare les projets de lois (voyez n° 18 p. 30)[1]. Mais l'initiative proprement dite n'a lieu qu'alors que l'Empereur, ayant examiné le projet, décide qu'il sera soumis à la Diète.

Le droit d'initiative de la Diète implique le droit pour chaque député de faire des motions au sein de l'ordre dont il est membre. Les motions doivent être présentées dans les quinze jours après l'ouverture de la Diète. Toute motion doit être rédigée en forme de projet de loi et précédée d'un exposé des motifs. Il est défendu de confondre des sujets différents dans une seule motion. Ce n'est que sur le rapport d'une de ses commissions, que la Diète décide s'il y a lieu de soumettre à la sanction de l'Empereur et Grand-duc le projet de loi, objet de la motion.

43. *Procédure relative aux projets de lois.*

Les projets de lois du gouvernement sont présentés simultanément à tous les ordres.

Les projets en matière constitutionnelle doivent être renvoyés, sans débat préalable, à la commission de

---

1. Le concile de l'église luthérienne doit être entendu sur toute question législative touchant aux relations de cette église avec d'autres églises et avec l'État, ainsi que dans les questions dites mixtes (mariages, etc.).

législation. Tout autre projet peut être l'objet d'une délibération préliminaire.

Les projets de lois appartenant aux groupes 2°)—5°) sus-mentionnés (n° 41) seront aussi renvoyés à la commission de législation, supléée, en cas de besoin, par une commission spéciale. La commission des affaires économiques prépare les projets de lois en matière économique et administrative. Quant aux questions financières et aux projets concernant la banque de Finlande, nous en parlerons plus tard.

Les rapports des commissions sont distribués simultanément à tous les ordres. Le débat n'a pas lieu dans la même séance où le rapport a été présenté.

Les commissions sont informées, par des extraits du procès-verbal, des résolutions de chacun des ordres. S'il n'y a pas l'accord nécessaire pour former une résolution valable de la Diète, la commission doit formuler un projet qui, tout en étant basé sur les résolutions prises, a pour but de concilier les opinions divergentes.

Quand il s'agit d'une réforme constitutionnelle (d'un projet de loi portant révision ou modification des lois fondamentales), l'accord des quatre ordres est nécessaire. — La résolution définitive en pareille matière est ajournée à la Diète prochaine dans le cas où deux des ordres se prononcent pour l'ajournement. — Toute mesure législative concernant les privilèges des ordres exige aussi l'accord des quatre ordres.

En toute autre matière législative (excepté les lois financières dont nous ne parlons pas ici), qu'il s'agisse d'un projet du gouvernement ou d'une motion, la résolution sur laquelle trois des ordres sont d'accord, est valable comme résolution de la Diète. Si les ordres, dans leurs résolutions, sont groupés deux contre deux, le projet a échoué, à moins que la Diète n'en ait déclaré l'urgence. En ce cas, et de même lorsque les résolutions des ordres présentent des diversités partielles qui ne se sont pas effacées en suite du projet de conciliation de la commission, l'on a recours à la grande commission de soixante membres (voyez n° 39 p. 56). Cette commission — qui est au fond une délégation des états — est formée de manière que les membres de la commission qui a eu à préparer la question, sont portés, par élection directe, au nombre de quinze de chaque ordre. Elle ne discute pas; elle procède immédiatement au scrutin secret sur les propositions qui lui sont soumises; ce qu'elle décide à la majorité absolue des voix est valable comme résolution de la Diète.

44. *Sanction et promulgation.*

Toute loi adoptée par la Diète est soumise à la sanction de l'Empereur et Grand-duc.

L'Empereur, avant de procéder à la sanction, entend le Sénat.

C'est par la sanction que la formation de la loi est achevée.

Il faut encore, pour que la loi puisse être appliquée, qu'elle soit promulguée et publiée.

La promulgation se fait par le Sénat, qui signe les lois au nom de l'Empereur et en citant sa décision, et leur donne la date de la promulgation; toutefois les lois fondamentales sont promulguées par des manifestes, signés par l'Empereur et portant la date de la sanction.

Toutes les lois sont publiées dans le journal officiel de Finlande, paraissant en suédois et en finnois, ainsi que dans le bulletin des lois du Grand-duché, qui paraît également dans les deux langues [1]. Il en est fait lecture dans les églises.

45. *Législation administrative.*

Comme nous venons de dire (n° 41) en parlant des différentes catégories de lois, la législation, telle qu'elle est conçue dans les actes constitutionnels, présuppose toujours l'action collective du Souverain et de la Diète, tandis que le droit de l'Empereur de légiférer en matière administrative sans le concours de la Diète,

---

1. Le dit bulletin se publie aussi en langue russe.

est compris dans les attributions du pouvoir gouvernemental.

Nous pouvons énoncer comme résultant et du développement historique et des principes de la constitution :

que l'Empereur et Grand-duc, en vertu de son pouvoir de gouverner le pays, a le droit non seulement d'ordonner des mesures *in casu*, mais aussi de statuer les règles qu'il juge nécessaires pour assurer l'exécution et l'observation des lois et, en général, le fonctionnement régulier des autorités publiques et l'accomplissement des tâches du gouvernement;

que les règles, ainsi prescrites et formant ce que nous appelons la législation administrative, ont pour base et fondement les lois émanées avec le concours de la Diète; elles ne doivent être en contradiction ni avec le texte ni avec l'esprit de ces lois.

Les questions relatives à la compétence législative du pouvoir gouvernemental présentent quelquefois des difficultés. En faisant p. ex. des règlements concernant la sûreté publique, l'on évitera difficilement de toucher aux droits et aux devoirs des citoyens, — donc à des questions appartenant à la législation proprement dite, quoique de pareils règlements ressortissent, en général, à la législation administrative. La règle à suivre pour qu'il n'y ait pas d'écart des principes de la constitution, c'est d'avoir recours à la Diète pour toute mesure législative qui n'est pas indubitablement de la compétence du pouvoir gouvernemental.

Quant à l'exercice du droit de légiférer en matière administrative, nous renvoyons aux n° 18 et 20, qui traitent des attributions du Sénat.

VII. Des finances.

46. *Le budget; observations générales.*

Le budget de l'État se compose de deux parties : le budget ordinaire et le budget extraordinaire. Cette division ne repose pas sur le caractère financier des recettes et des dépenses; elle exprime la distinction de la compétence, soit de l'Empereur et Grand-duc, soit de la Diète, en matière financière.

Le budget ordinaire comprend les recettes suivantes :

les produits des domaines et des capitaux actifs, les recettes de la poste et d'autres établissements publics, les impôts permanents, c'est-à-dire les impôts qui ont été votés sans fixation d'un terme pour leur durée, et les revenus divers. La totalité de ces ressources constitue ce qu'on appelle le fonds général de l'État.

Au budget ordinaire sont portées, en premier lieu, toutes les dépenses normales de l'État : gouvernement, administration, institutions publiques; puis des dépenses accidentelles.

Le budget ordinaire est arrêté par l'Empereur et Grand-duc sans le concours de la Diète.

Jusqu'en 1865 il n'y avait pas de budget extraordinaire, les ressources du « fonds général » ayant suffi à toutes les dépenses — ou plutôt : toute augmentation des dépenses au delà de ces ressources ayant été impossible pendant que la Diète, de laquelle il dépend de voter les impôts, n'était pas convoquée.

Ce sont les crédits et les impôts votés par la Diète de 1863—1864 qui ont donné naissance au budget extraordinaire. Ce budget, dont l'importance s'est constamment accrue, comprend :

a) tout revenu dont la disposition dépend des décisions de la Diète, savoir : les impôts temporaires ou extraordinaires, c'est-à-dire les impôts qui sont votés pour un temps fixé, et les produits des chemins de fer de l'État, de la banque de Finlande et des emprunts d'État;

b) les dépenses votées par la Diète, qu'elles soient accidentelles, comme les frais de construction des chemins de fer, ou de longue durée, comme les annuités de la dette publique.

Envisagées au point de vue financier, les deux parties du budget pourraient être appelées budget principal et budget supplémentaire.

47. *Établissement du budget.*

Les résolutions de la Diète concernant le budget se rapportent aux années qui suivent celle pendant laquelle la Diète est réunie, y compris l'année pour laquelle la prochaine Diète sera convoquée; c'est ce qu'on appelle une période financière [1].

Tout crédit demandé par le gouvernement, forme l'objet d'une proposition spéciale. Mais on présente en même temps une proposition contenant le résumé de tous ces crédits et un projet concernant les revenus qui devraient y être affectés. A cette proposition se joint un calcul de prévision pour la période en question, calcul élaboré par la section des finances du Sénat.

La commission des finances de la Diète, à laquelle il appartient de préparer ces affaires en prenant connaissance des comptes du trésor, doit examiner si l'état des finances exige des ressources extraordinaires. La commission fait un rapport spécial sur chaque crédit proposé et en outre un rapport général, dans lequel elle soumet aux états son calcul budgétaire et son avis sur les voies et moyens de couvrir les dépenses en tant que cela dépend de la Diète.

---

1. La période financière peut donc être de cinq ans. Mais les dernières périodes n'ont été que de trois ans, l'Empereur ayant décidé en 1882, de convoquer la Diète en 1885 et, en 1885, de la réunir de nouveau en 1888. (Voyez n° 28 p. 47).

L'accord des quatre ordres est nécessaire pour la résolution des questions budgétaires; cependant, si les ordres ont pris des résolutions différentes en ces matières, l'affaire est soumise à une grande commission des finances, de soixante membres (comparez n° 39 p. 56 et n° 43 p. 63). Le crédit qui n'aura pas été approuvé par les deux tiers des voix de cette commission, est regardé comme refusé par la Diète.

Les résolutions de la Diète relatives au budget sont soumises à la sanction de l'Empereur et Grand-duc et promulguées par le Sénat. Elles servent de base à l'etablissement annuel du budget extraordinaire.

Quant au budget ordinaire, c'est au mois de mai que le Sénat soumet à l'Empereur ses projets concernant les augmentations et diminutions de dépenses à introduire dans le budget de l'année suivante. Celui-ci est dressé vers la fin de l'année courante et soumis, avec le budget extraordinaire, à l'approbation de l'Empereur. Il peut y avoir aussi des crédits supplémentaires : c'est au mois de mars, après avoir constaté l'excédant du budget ordinaire de l'année précédente, que le Sénat demande l'autorisation de l'Empereur à des dépenses accidentelles jugées nécessaires ou utiles; elles ne doivent pas dépasser le montant de l'excédant; elles sont portées au compte de l'année courante.

Nous devons ajouter, en ce qui regarde l'organisation du budget, que l'unité du budget est rompue non seulement par la division en budget ordinaire et extraordinaire, mais encore par des subdivisions : le budget de l'armée et le « fonds des communications » constituent des parties spéciales du budget total.

Il subsiste encore, depuis l'ancienne organisation militaire, un « fonds des milices », représenté par les revenus des terres domaniales autrefois affectées à l'entretien des officiers et des sous-officiers de l'armée, et par certaine partie de l'impôt foncier. Or, en vertu d'une disposition de la loi de 1878 concernant le service militaire, les sommes qu'exige le budget de l'armée en sus du fonds des milices, ne peuvent pas être allouées sur les ressources ordinaires (le « fonds général de l'État »), elles sont fournies par la Diète. — C'est à cause de ces circonstances que le budget militaire doit former une section spéciale du budget de l'État.

Le fonds des communications date d'une résolution de la Diète de 1872. On a voulu assurer le développement du réseau de voies ferrées en y affectant des ressources suffisantes, détachées du budget général. Ce fonds, ou ce budget spécial, comprend actuellement le service de la presque-totalité de la dette publique, tous les emprunts, à l'exeption de deux, ayant été contractés pour la construction de chemins de fer.

Les inconvénients que présentent les divisions et subdivisions du budget en empêchant l'aperçu de la totalité des dépenses et des recettes, seraient peut-être assez sensibles si l'on ne pouvait pas rétablir l'unité du budget dans les calculs qui servent à guider l'appréciation de l'état des finances.

48. *Impôts.*

Ni la création de nouveaux impôts ni l'abolition ou la réforme d'impôts établis ne peut se faire sans le consentement de la Diète.

Les projets concernant soit des changements à faire dans l'assiette ou dans le mode de perception des impôts permanents, soit l'abolition d'impôts établis, sont soumis à l'examen préalable de la commission des finances.

Quant aux impôts extraordinaires, faisant partie des voies et moyens que la Diète, sur le rapport de la commission des finances, aura voulu affecter au budget extraordinaire (voyez n° 46), c'est la commission des impôts extraordinaires qui doit préparer les lois sur l'assiette de ces impôts; elle a un droit d'initiative en cette matière. Cette commission, portée au nombre de soixante membres, décide avec le pouvoir de la Diète, à la majorité des deux tiers des voix, des dispositions relatives aux dits impôts sur lesquelles l'accord des quatre ordres ne se serait pas établi.

La règle générale de la constitution, suivant laquelle les impositions dépendent du vote de la Diète, est sujette à une exception assez importante : les droits de douane sont arrêtés par le gouvernement sans le concours de la Diète. Il serait trop long d'exposer ici les faits historiques par lesquels on a motivé cette exception, pratiquée depuis 1772.

Il y a encore une exception, celle-ci expressément reconnue par la loi. Si le pays est attaqué par l'ennemi, l'Empereur et Grand-duc a le droit d'imposer les contributions nécessaires pour la défense. Mais sitôt que la guerre finit, la Diète doit être convoquée et la perception de ces contributions cesser.

49. *Autres revenus de l'État.*

Les terres domaniales, les pêcheries et les forêts de la couronne sont exploitées au profit de l'État d'après des règlements établis par le gouvernement. Aucune aliénation d'un domaine de l'État ne peut avoir lieu sans le consentement de la Diète.

L'Empereur statue sur l'administration des capitaux actifs de l'État.

Il dépend de la Diète d'allouer au profit du budget les bénéfices de la banque de Finlande.

Le tarif postal, les tarifs des chemins de fer et des canaux, la taxe des rémunérations à payer aux pilotes et pour l'entretien des phares, ainsi que d'autres taxes applicables aux services rendus par des établissements publics, sont établies par le gouvernement.

Le crédit de l'État ne peut pas être engagé sans l'assentiment de la Diète.

50. *Contrôle des finances.*

Au commencement de chaque Diète ordiniare, communication est faite aux états d'un exposé de la situation des finances, « pour qu'ils apprenent comment les revenus de la Couronne ont été employés au profit et pour le bien du pays ».

Cet exposé, contenant les comptes-rendus des derniers exercices clos et des rapports spéciaux sur la dette publique et sur l'administration des impôts extraordinaires, est examiné par la commission des finances, laquelle doit contrôler tout spécialement l'application des résolutions budgétaires de la dernière Diète. Tous les livres appartenant à la comptabilité des administrations publiques doivent être mis à la disposition de la commission.

Lorsque la Diète fait parvenir à la connaissance du gouvernement des observations faites par la commission des finances relativement à la gestion des finances, ces observations sont prises en considération par le Sénat, et la Diète prochaine est informée des mesures auxquelles elles ont donné lieu.

La comptabilité des différentes branches de l'administration est assujettie, d'ailleurs, à des révisions annuelles, opérées par des fonctionnaires désignés à cet effet.

VIII. Les droits des citoyens.

51. *Privilèges de classe.*

Le système de l'égalité de tous les citoyens devant la loi, consacré par les anciennes lois suédoises, avait été, dans le courant des siècles, sensiblement modifié.

L'ordre de la noblesse se détachait du reste de la société. A l'issue du moyen âge il se trouvait déjà muni de privilèges importants, qui furent élargis encore au 16e et au 17e siècles.

De ces privilèges, en tant qu'ils se rapportent aux conditions sociales et économiques, il ne reste plus à présent que des fragments assez insignifiants. Ils ont été abolis depuis 1863, soit par des lois spéciales, soit par des réformes législatives modifiant en général les conditions sociales. — La noblesse a pourtant gardé un privilège précieux comme legs des siècles passés : celui de constituer une partie de la Diète (voyez n° 29 p. 48). Mais si ce droit de représentation est un privilège, ce qui est incontestable, il implique en même temps un devoir public, une fonction politique, sortant du cadre du droit commun.

Quant à l'ordre de la bourgeoisie, ses privilèges de classe ont été tous abrogés par la législation des derniers temps. Il n'y a plus de maîtrises et jurandes constituant les commerçants et industriels en corporations exclusives; le droit d'administrer les villes et de les représenter à la Diète n'est plus un droit exclusif de bourgeois patentés.

Les droits de l'ordre des paysans ont aussi été l'objet de confirmations spéciales. Ces droits concernent surtout la libre exploitation des terres imposées, laquelle dans le temps avait été limitée pour assurer les intérêts du fisc. Il n'y a rien de personnel ou d'exclusif dans ces droits. Quant au droit de représentation à la Diète, ce n'est plus la classe des paysans proprement dits qui exerce ce droit.

Ce ne sont que les privilèges du clergé qui ont été conservés dans toute leur étendue. Mais en les envisageant au point de vue de l'égalité sociale, il y a lieu d'observer que ces privilèges ne sont guère des exceptions du droit commun, le clergé étant un corps de fonctionnaires publics et pas une classe sociale proprement dite. Les immunités des biens ecclésiastiques ne sont au fond qu'une manière de salarier le clergé; le caractère général des privilèges en question est d'assurer à l'église luthérienne la protection de l'État et à son clergé une solide base économique. Dans leurs affaires privées les ministres du culte ne jouissent d'aucun privilège.

52. *Droits et devoirs des citoyens.*

Le droit commun embrasse donc tous les membres et toutes les classes de la société. Nous résumerons les traits principaux des droits généraux assurés par les lois aux citoyens finlandais.

a) La sûreté et la liberté individuelles sont garanties par la loi; nul ne peut être privé de sa liberté par les autorités, sauf les cas de flagrant délit ou bien en vertu d'un arrêt du tribuual ou d'une condamnation légale. (Comparez la note p. 26.)

b) Excepté les cas de punition légale portant confiscation d'un bien, nul ne peut être privé de sa propriété que pour cause d'utilité publique, dans les cas et de la manière établie par la loi sur l'expropriation, et moyennant une juste et préalable indemnité.

c) Nul ne peut être distrait du tribunal que la loi lui assigne, ni poursuivi en justice autrement que d'après les règles de la procédure légale. Il est défendu d'instituer des tribunaux ou des commissions judiciaires extraordinaires.

d) Le droit d'acquérir de la propriété foncière appartient à tout Finlandais sans distinction de classe.

Il y a des terres plus ou moins exemptées de l'impôt foncier général. Jadis elles ne pouvaient appartenir qu'aux membres de l'ordre de la noblesse. Mais le droit exclusif de la noblesse à la possession de ces terres ayant été aboli, les immunités en question ne représentent plus un privilège de classe, elles ne sont qu'un droit réal à la portée de tout acquéreur. — L'impôt foncier, légalement fixé, ne peut pas être augmenté à cause de défrichements ou de cultures nouvelles.

e) La liberté du travail et de l'industrie est reconnue. Voici les dispositions essentielles de la loi industrielle du 31 mars 1879, qui a achevé l'émancipation de l'ancien régime restrictif :

Tout citoyen finlandais, de l'un et de l'autre sexe, a le droit d'exercer la profession ou les professions de son choix; il en est de même de toute société ou compagnie légalement constituée.

Celui qui veut faire le commerce en boutique, magasin ou comptoir, ou qui veut, dans son entreprise industrielle, employer d'autres ouvriers que les membres de sa famille, est tenu d'en faire déclaration, en ville devant la mairie, dans les districts ruraux devant le bailli.

Il ne faut aucune déclaration préalable pour exercer sans ouvriers ou aides salariés un métier quelconque dans le but de pourvoir à sa subsistance.

Tout citoyen finlandais a le droit d'importer des marchandises de l'étranger et d'en exporter, ainsi que d'être propriétaire ou copropriétaire de navire.

Sont exceptées de la règle générale : les professions de libraire, d'imprimeur, de pharmacien et de marchand d'alcool ou de matières explosives, lesquelles exigent des autorisations spéciales.

Le commerce ambulant n'est permis que sous certaines restrictions.

Les gouverneurs (préfets) peuvent accorder aux étrangers séjournant dans le pays le droit de s'établir comme marchands ou industriels.

f) Les associations pour des entreprises commerciales ou industrielles n'exigent pas d'autorisation préalable; toutefois les statuts des compagnies par actions doivent être soumis à la sanction du gouvernement.

Pour former des sociétés ou des corporations dans un autre but, il faut se procurer l'autorisation du gouvernement. Les sociétés secrètes sont défendues.

Le droit de se réunir publiquement n'est pas entravé par la loi.

g) La liberté de la presse n'est pas garantie par la loi. Le régime de la presse est réglé par des actes de législation administrative, lesquels, tout en reconnaissant le droit de tout citoyen finlandais de publier ses idées sur tout ce qui peut être l'objet de la science humaine, obligent les imprimeurs de présenter les ouvrages aux contrôleurs de la presse avant de les livrer au public. La publication de feuilles périodiques exige une autorisation préalable; chaque numéro est soumis au contrôleur avant de paraître.

h) Il n'y a pas de privilèges de classe en fait de contributions, ni à l'égard du service militaire.

i) Il n'y a pas non plus de privilèges ou de distinction de classes quant à l'admissibilité aux places et emplois publics.

k) Les écoles publiques sont également ouvertes aux enfants de toutes les classes de la population.

l) La liberté de conscience est reconnue en principe.

IX. L'État et les cultes.

53. *L'église luthérienne.*

Nous venons de rappeler, en parlant des privilèges de classe (n° 51), que les privilèges de 1723, toujours en vigueur, assurent à l'église luthérienne la protection de l'État et à son clergé la jouissance des avantages économiques qui lui avaient été reconnus par des lois antérieures.

Ce qui caractérise particulièrement la situation prépondérante de l'église luthérienne, c'est que les paroisses de cette église sont en général des paroisses territoriales coïncidant avec les communes; quelques villes et quelques contrées des provinces de Vibourg et de Kuopio font seules exception. La contribution foncière (*dîme*) que tout propriétaire foncier dans les paroisses rurales, excepté les propriétaires appartenant au culte grec, doit payer au clergé luthérien, est établie par des lois de l'État; les autres droits, soit au profit de ce clergé, soit pour la construction et l'entretien des temples, sont aussi basés sur des dispositions législatives, lesquelles toutefois permettent aux paroissiens de régler ces droits par des conventions, sauf à soumettre celles-ci à l'approbation du Sénat.

La loi de 1869 sur l'organisation de l'église luthérienne a développé l'autonomie administrative des paroisses et émancipé l'église de la tutelle de l'État, — sans apporter aucune modification aux privilègcs d'ordre économique. Selon cette organisation, il y a quatre autorités pour l'administration des affaires de l'église : le concile, le chapitre, le conseil de paroisse et l'assemblée des paroissiens. Ces autorités ont chacune sa compétence et sa fonction distinctes.

Le concile est le parlement de l'église. C'est de lui qu'il dépend de proposer des mesures législatives concernant l'organisation de l'église luthérienne. Le projet de loi adopté par le concile est soumis à l'Empereur et Grand-duc et à la Diète. Donc, quand il s'agit de légiférer sur l'organisation de l'église, le pouvoir législatif de l'État est limité à l'approbation ou au rejet des propositions du concile.

La compétence du concile comprend l'adoption de nouveaux manuels pour les exercices du culte et l'enseignement pastoral : livre de psaumes et d'évangiles, catéchisme, liturgie et traduction de la bible [1]. Il choisit les personnes chargées de la révision de ces livres.

Le concile a le droit d'exposer les désirs et les besoins de l'église en ce qui regarde soit les rapports de l'église luthérienne avec l'État et avec d'autres cultes, soit les questions mixtes (notamment les dispositions de la loi civile sur les mariages); son avis est demandé sur tout projet de loi èn ces matières.

Le concile est composé :

a) de représentants du clergé : l'archevêque et les deux évêques, remplacés en cas d'empêchement par des membres du chapitre, et trente pasteurs répartis en nombre déterminé sur les trois diocèses;

b) de représentants laïques : un membre du Sénat, un membre de chacune des trois cours d'appel, un membre de la faculté de théologie et un de la faculté de droit de l'Université, un député laïque pour chaque doyenné du diocèse *(prosteri)*, tous nommés par leurs électeurs respectifs. La présidence appartient à l'archevêque.

Le chapitre exerce dans le diocèse le gouvernement spirituel et la juridiction administrative. Il comprend l'évêque (ou l'archevêque) comme président, et quatre membres : le pasteur principal de la ville diocésaine,

---

1. D'après l'ancien code sur l'église, l'adoption de ces livres relevait du gouvernement.

deux prêtres choisis pour une période de trois ans par le clergé du diocèse et un membre qui doit être compétent dans les questions juridiques et remplit les fonctions de secrétaire.

Le conseil de paroisse se compose du curé comme président, des autres prêtres titulaires de la paroisse et de six membres au moins, élus par la paroisse et dont le mandat a une durée de quatre ans. Les attributions de ce conseil consistent à diriger et contrôler l'administration des biens de l'église et à exercer la surveillance des moeurs et la discipline ecclésiastique.

Les paroissiens sont réunis en assemblée quand il s'agit de prendre des décisions concernant les affaires financières de la paroisse. La loi a déterminé les cas (emprunt, vente de biens immeubles, etc.) où la décision de l'assemblée, pour être valable, exige l'approbation du gouvernement.

La loi de 1869 autorise, sous certaines conditions, tous les membres de l'église à former des réunions religieuses dans lesquelles les laïques peuvent prendre la parole.

Les évêques sont nommés par l'Empereur parmi les trois candidats qui ont obtenu à l'élection le plus grand nombre de voix. Le droit d'élection appartient au clergé du diocèse.

Quant aux curés des paroisses, leur nomination aussi est basée sur le suffrage. Les paroissiens votent pour l'un des trois candidats compétents qui ont sollicité la place et dont les candidatures ont été approuvées par le chapitre. Celui qui réunit la majorité des voix est nommê par le chapitre, sauf quand il s'agit des paroisses, assez nombreuses, pour lesquelles la nomination du curé est réservée à l'Empereur; en ces cas, le Sénat donne son avis sur les candidats, parmi lesquels l'Empereur fait son choix indépendamment du résultat du suffrage.

54. *L'église grecque.*

Dans quelques communes limitrophes de la Russie et dans quelques villes, il y a des paroisses de l'église grecque [1]. Les curés des paroisses rurales sont rétribués à peu près de la même manière que le clergé luthérien : ils reçoivent la dîme des terres dont les propriétaires professent le culte grec. Dans les villes, où le nombre des paroissiens est très-petit, les prêtres reçoivent des appointements sur le budget de l'État.

Les citoyens finlandais appartenant à l'église grecque ont les mêmes droits civils et politiques que les luthériens.

Il y a, dans la ville de Vibourg, comme organe central des paroisses grecques de la Finlande, un cha-

1. Le nombre total des citoyens finlandais professant le culte grec-orthodoxe est de 40,000, c'est à dire à peu près 2 % de la population du Grand-duché.

pitre composé d'un chanoine-président et de trois membres, nommés, de même que les prêtres, par le Saint-synode á St.-Pétersbourg, et duquel relève ce clergé en tout ce qui regarde l'exercice du culte. Mais les rapports des paroisses grecques avec l'État et avec l'église luthérienne ont été réglés par des actes législatifs du gouvernement du Grand-duché.

55. *Autres cultes.*

D'après l'ancienne loi ecclésiastique, il était défendu aux luthériens d'abandonner leur confession. La loi de 1869, au contraire, reconnaît aux membres de l'église luthérienne le droit de passer à une autre congrégation religieuse, suivant la voix de leur conscience.

Le principe de la liberté religieuse ainsi établi, il s'agit de régler les rapports des communautés dissidentes avcc l'État. Un projet de loi élaboré à cet effet fut soumis à la Diète de 1877, mais il échoua. Un nouveau projet sera présenté à la prochaine Diète.

En attendant il y a une lacune sensible dans les lois en matière religieuse.

Nous devons rappeler que la tendance du législateur s'est manifestée aussi par les dispositions de la loi de 1869 sur la Diète, dispositions suivant lesquelles le droit de suffrage ne dépend pas de la confession et l'égibilité est compatible avec tout culte chrétien. Les lois sur l'administration communale ne faisant pas non plus de distinction de droits à raison du culte confessé par les membres de la commune, les droits civils et politiques des dissidents sont donc déjà reconnus les mêmes que ceux des luthériens, excepté quant à l'admissibilité aux emplois publics [1].

---

1. L'église anglicane et l'église réformée sont reconnus depuis 1741 comme cultes autorisés dans le pays.

X. Organisation judiciaire.

56. *Tribunal de première instance.*

a) Les juridictions des villes sont distinctes de celles des districts ruraux. Le tribunal urbain *(rådhusrätt)* est composé : du bourgmestre comme président et de deux ou plusieurs échevins comme membres. Le bourgmestre est nommé par l'Empereur sur trois candidats proposés par l'assemblée municipale; les échevins sont élus par l'assemblée et reçoivent l'investiture du gouverneur de la province.

Les bourgmestres, en général, ne sont pas seulement juges, ils ont aussi des attributions municipales. Toutefois, dans les villes les plus grandes, il y a deux bourgmestres, dont l'un appartient exclusivement au tribunal tandis que l'autre est à la tête des affaires de la municipalité. Le tribunal peut se diviser en sections. Pour rendre en jugement, il doit se composer de trois membres présents.

Le tribunal est compétent sur toutes affaires civiles (y compris celles qui regardent le commerce) et criminelles. Cependant, lorsqu'il s'agit de crimes infamants, le jugement, qu'il y ait condamnation ou acquittement, doit être soumis à la cour d'appel; et toute cause de droit maritime exige la présence au tribunal de deux experts choisis par le tribunal pour une année.

Appel peut étre formé contre toutes les décisions du tribunal urbain.

b) Le territoire du pays en dehors des villes est divisé en 60 juridictions *(domsaga)*, dont chacune comprend de trois à cinq districts judiciaires *(tingslag)*. Il n'y a pour chaque juridiction qu'un seul juge *(häradshöfding)* versé en jurisprudence; il est nommé par l'Empereur. Le tribunal de district *(häradsrätt)*, se compose de ce juge comme président et d'au moins cinq conseillers *(nämndemän)* choisis parmis les propriétaires fonciers du district judiciaire. Le tribunal siège deux fois par an dans chaque district; le juge de district fait donc annuellement à deux reprises (février—avril, septembre—novembre) le tour de sa juridiction. Les jours où commencent les sessions du tribunal sont portés d'avance à la connaissance du public. Il peut y avoir aussi des sessions extraordinaires, soit pour de graves causes criminelles, soit sur la demande d'une partie.

En chaque cause, lorsque l'instruction est terminée, le juge-président doit signaler devant les conseillers les dispositions des lois qui y sont applicables. L'opinion des conseillers ne l'emporte sur celle du juge-président que dans les cas où ils embrassent à l'unanimeté une décision divergente de la sienne; mais si les voix des conseillers sont partagées, c'est l'opinion du juge-président qui forme le jugement du tribunal.

La compétence du tribunal de district est analogue à celle du tribunal urbain; toutefois, elle ne s'étend pas aux causes se rapportant aux lettres de change, ni aux causes maritimes qui concernent des avaries ou des assurances, ces causes étant réservées aux tribunaux des villes.

Les tribunaux pour le partage des terres *(egodelningsrätt)* connaissent, en première instance, des différends surgis entre les propriétaires fonciers à la suite des mesures de partage proposées par les arpenteurs publics dans les contrées où les appartenances et les limites des biens fonciers n'ont pas encore été définitivement régularisées et déterminées. Ces tribunaux, institués à titre provisoire, ont le caractère d'arbitres; ils se composent d'un juge-président, élu par les propriétaires de la commune, sauf ratification par la cour d'appel, et de conseillers choisis par les propriétaires. Les appels formés contre les décisions de ces tribunaux s'adressent au département de la justice du Sénat.

57. *Cours d'appel.*

Il y a trois cours d'appel *(hofrätt).*

La cour d'appel d'Abo se compose d'un président, d'un vice-président et de dix-huit membres, celle de Vibourg d'un président, d'un vice-président et de dix-sept membres, celle de Vasa d'un président et de neuf membres. Les présidents et les vice-présidents sont nommés immédiatement par l'Empereur; les membres sont aussi nommés par l'Empereur, de même que les juges de district, sur la présentation du département de la justice du Sénat.

Les cours d'appel sont divisées en sections; chaque section est au complet avec cinq membres; pourtant quatre membres peuvent prononcer dans les causes non capitales, pourvu que trois des membres tombent d'accord sur le jugement à prononcer.

La cour d'appel connaît en deuxième ressort de tous les appels formés, soit contre les décisions des tribunaux de ville et de district en toute matière qui est de leur compétence, soit contre les décisions des gouverneurs et de quelques autres autorités administratives en certaines matières déterminées par la loi. Elle examine les jugements sur des crimes infamants et qui lui sont soumis par les tribunaux de première instance.

La cour d'appel connaît en outre, en première instance : des blasphèmes contre la Divinité, après instruction devant le tribunal inférieur, — des offenses contre le Souverain et des crimes contre l'État, — des crimes et délits commis, dans l'exercice de leurs fonctions, par les juges inférieurs. Les fonctionnaires publics supérieurs (gouverneurs, employés du Sénat, directeurs des administrations centrales) sont accusés devant la cour d'appel d'Abo.

Le procureur de la cour d'appel *(advokatfiskal)* est l'accusateur, devant la cour, des fonctionnaires susmentionnés.

58. *Dernière instance.*

En expliquant les attributions du Sénat nous avons déjà mentionné que le pouvoir judiciaire en dernière instance, appartenant à l'Empereur et Grand-duc, est exercé en son nom par le Sénat, dans le département de la justice.

Celui qui veut interjeter appel devant le Sénat contre la décision de la cour d'appel dans une affaire civile, est obligé de déposer une consignation de 192 marcs, qui est attribuée à la cour en cas de confirmation. Cette obligation, de laquelle tout pauvre est exempté, n'existe pas pour ceux qui ont recours au Sénat dans une cause criminelle, ni à l'occasion des appels contre les décisions des tribunaux pour le partage des terres.

Le département de la justice peut se diviser, comme tribunal, en deux chambres, chacune de cinq membres; cependant quatre suffisent, dans les causes non capitales, pourvu que trois des membres tombent d'accord sur le jugement à prononcer.

59. *Juridiction militaire.*

Il y a pour chaque corps de troupe un tribunal militaire qui connaît des infractions aux lois militaires commises par des personnes appartenant à l'armée, ainsi que d'autres crimes commis par ces personnes en temps de guerre. Ce tribunal est composé de quatre officiers et de l'auditeur de la troupe, lequel est nommé par le département de la justice du Sénat et doit être juriste.

Le tribunal militaire supérieur, établi à Helsingfors, se compose d'un président désigné par l'Empereur, et de quatre membres, dont trois officiers désignés pour deux ans par le Gouverneur-général et un auditeur supérieur nommé par l'Empereur sur la présentation du département de la justice du Sénat.

Ce tribunal connaît en deuxième ressort des appels formés contre les décisions des tribunaux de guerre. Il juge en première instance certaines affaires déterminées par la loi.

Le département de la justice du Sénat constitue la dernière instance de la juridiction militaire.

XI. Organisation administrative.

60. *Observations générales.*

On a vu par l'exposé des attributions du Sénat, que le département administratif du Sénat et les six sections qu'il embrasse (et qui répondent aux départements ministériels de la plupart des États) dirigent l'administration publique.

Cette fonction s'exerce avec le concours d'agents auxiliaires établis pour les différentes branches des services publics.

Il y a des administrations centrales, qualifiées pour la plupart *directions* ou *directions générales*, qui étendent leur action sur le pays tout entier,

et des administrations locales dont les fonctions ne s'étendent qu'à certaines circonscriptions.

Les autorités administratives centrales relèvent directement du Sénat. Les agents locaux relèvent soit du Sénat soit des directions centrales.

De même, les établissements publics, objets des soins de l'administration, comme p. ex. les institutions pour l'enseignement, se rapportent soit aux besoins locaux, soit aux intérêts généraux du pays.

Cependant, l'action administrative du Sénat n'embrasse pas également toutes les institutions de l'État : la banque de Finlande est gouvernée pas des délégués de la Diète, l'Université jouit d'une l'arge autonomie dans l'administration de ses affaires.

A. **Administrations relevant du Sénat.**

61. *Répartition des agents administratifs d'après les sections du Sénat.*

Sont du ressort :

a) de la section de l'intérieur :

les administrations des provinces (préfectures) dont nous parlerons plus loin;

la direction des affaires d'hygiène publique, de laquelle relèvent les médecins, les hôpitaux, les pharmacies, les sages-femmes;

la direction des postes et celle de la caisse d'épargne postale;

la direction des édifices publics, ayant sous ses ordres les bureaux d'architecture des provinces;

la direction des prisons;

la direction des affaires de la presse;

le bureau central de statistique;

b) de la section des finances :

le comptoir d'État, chargé de l'administration de la caisse centrale du trésor, des fonds de réserve et autres fonds actifs, et de la dette publique;

la direction des douanes;

les contrôleurs de l'impôt sur l'eau-de-vie; le comptoir du timbre;

la direction du pilotage et des phares, de laquelle relèvent aussi les travaux hydrographiques;

les directions locales des écoles de navigation;

la direction des affaires de l'industrie, ayant à surveilier aussi l'institut polytechnique, les écoles industrielles et les écoles de commerce ainsi que l'administration de la Monnaie;

c) de la section des affaires camérales :

la cour générale pour le contrôle de la comptabilité, avec le comptoir de contrôle, — institution qui n'exerce pas des fonctions administratives, mais qui représente une branche de la juridiction administrative;

la direction générale de la géodésie, de laquelle relèvent les arpenteurs, le cadastre et l'administration des poids et mesures[1];

1. En vertu d'une loi du 16 juillet 1886, le système métrique sera introduit en Finlande. L'application de ce système aura lieu successivement dès 1887.

d) de la section des affaires militaires :

les troupes et l'école militaire quant à leur administration économique;

l'intendance et l'inspecteur des casernes;

les commissions d'enrôlement.

e) de la section des cultes et de l'instruction publique:

les chapitres des trois diocèses de l'église luthérienne, comme organes de cette église et de son clergé dans leurs rapports avec le gouvernement;

la direction générale des écoles, comprenant les inspecteurs supérieurs des écoles et chargée des affaires concernant les écoles populaires, les séminaires pédagogiques, et les écoles moyennes et supérieures pour les deux sexes, ainsi que de l'inspectiou des écoles privées subventionnées par l'État;

les archives centrales de l'État;

f) de la section des travaux publics et de l'agriculture :

la direction générale des voies de communication, chargée des travaux de canalisation et de dessèchement ainsi que de la construction des chemins de fer dont l'exécution n'est pas confiée à une commission spéciale; cette direction a sous ses ordres le corps des ingénieurs et les chefs des canaux;

la direction des chemins de fer, qui administe tout le réseau de voies ferrées de l'État;

la direction des forêts de l'État;

l'inspecteur des pêcheries; les agronomes d'État; les instituts et écoles d'agronomie; les sociétés pour l'avancement de l'agriculture subventionnées par l'État.

62. *Organisation et attributions générales des directions administratives centrales.*

Les directions des affaires d'hygiène publique, de la presse, des douanes, des affaires de l'industrie, des écoles, des voies de communication et des chemins de fer, ainsi que le comptoir d'État, sont organisées comme des conseils (ou collèges) d'au moins trois membres, y compris lc directeur-chef. Les décisions sont prises à la majorité des voix; toutefois il y a dans plusieurs des ces directions, notamment dans celle des chemins de fer, des affaires réservées à la décision du directeur-chef seul.

Les autres directions sus-mentionnées, ainsi que le bureau central de statistique et l'intendauce, sont organisées comme des bureaux, le directeur-chef ayant seul la compétence de résoudre les affaires.

Les directeurs-chefs et les membres des directions centrales sont nommés par l'Empereur; le Sénat (départ. administr.) présente des candidats à ces places, à l'exception de la place de directeur du pilotage et des phares, à laquelle le Gouverneur-général seul présente le candidat; les officiers du pilotage sont nommés de la même manière que le directeur. Les secrétaires, les trésoriers et autres fonctionnaires d'un rang analogue sont nommés par le département administratif du Sénat, sur la présentation des directions; celles-ci nomment aux emplois inférieurs. Les professeurs des écoles moyennes et supérieures sont nommés par la direction générale des écoles.

Les attributions générales de ces directions consistent:

à maintenir la stricte application des lois et règlements relatifs au fonctionnement des services de leurs ressort respectifs;

à exécuter les ordres du gouvernement;

à travailler au développement des institutions et des établissements publics administrés par elles, soit par des mesures qui sont de leur compétence, soit en soumettant au Sénat des projets à cet effet;

à surveiller les fonctionnaires qui leur sont subordonnés.

La compétence des autorités administratives en question est déterminée par les lois et règlements et limitée, en outre, par les budgets.

Elles sont tenues de rédiger annuellement un rapport sur la gestion des affaires pendant l'année écoulée. Ces rapports sont présentés au Sénat et publiés dans la statistique officielle.

63. *L'administration des provinces.*

La Finlande est divisée en huit provinces administratives (*län* = départements).

Le *gouverneur* (préfet) est le chef de l'administration provinciale. Les affaires lui sont rapportées soit par le secrétaire de province, préposé à la chancellerie, soit par le camérier de province, dirigeant le comptoir. Ces fonctionnaires n'ont qu'une voix consultative, le gouverneur seul décide; mais leur contre-seing est indispensable, et quand leur opinion ne coïncide pas avec celle du gouverneur, ils ont droit de la faire consigner dans un procès-verbal dressé à cet effet. En cas d'absence du gouverneur, le secrétaire et le camérier décident en commun. — Le personnel se compose du reste de vice-secrétaires, de vice-camériers, de trésoriers, d'un premier teneur de livres, nommés par le Sénat, et d'employés nommés par le gouverneur.

Les provinces sont divisées en bailliages ou arrondissements administratifs *(härad)*, dont le nombre total est de 51. Les fonctionnaires de ces districts sont le bailli *(kronofogde)*, chargé surtout de la perception des impôts et de la police du bailliage, et le secrétaire du bailliage *(häradskrifvare)*, nommés par le Sénat. Le bailli a sous ses ordres des commissaires *(länsman)*, nommés par le gouverneur et chargés surtout de la police dans leurs districts, dont chacun comprend une ou deux communes du bailliage.

Das les villes, c'est la chambre municipale *(magistrat)* et dans les grandes villes, en outre, les bureaux de police, qui sont les agents du gouverneur en matière de police et d'exêcution.

L'organisation communale est basée sur le principe du *selfgovernment*, mais l'administration des provinces s'exerce sans le concours organisé de la population.

Les attributions du gouverneur sont multiples :

il doit veiller à la sécurité et à l'ordre public, et à l'entretien des ponts et chaussées; il est le chef de toutes les branches de la police de la province;

il exécute les arrêts des tribunaux, il ordonne les saisies-exécutions;

il surveille au moyen des inspecteurs des domaines les fermiers des terres domaniales;

il administre les dépôts de blé de l'État;

il surveille la perception des impôts directs et des accises, et l'administration des caisses publiques de la province;

il préside la commission supérieure pour l'enrôlement au service militaire;

il est l'organe du Sénat en toutes affaires pour lesquelles il n'y a pas dans la province des fonctionnaires ou des agents spéciaux;

les décisions des communes en certaines affaires exigent l'approbation du gouverneur;

il signale à l'attention du Sénat et du Gouverneur-général des mesures propres à avancer la prospérité de la provlnce;

il rend compte à l'Empereur et au Sénat, pour chaque année, de la situation de la province à lui confiée.

Les fonctions du gouverneur le mettent en rapport, non seulement avec la section de l'intérieur, mais aussi avec les autres sections du département administratif du Sénat.

64. *Juridiction administrative.*

La juridiction administrative n'est pas organisée en Finlande de manière à former un système de tribunaux chargés exclusivement du contentieux administratif.

Nous avons mentionné (n° 57 p. 92) que la cour d'appel connaît de certaines affaires du domaine administratif déterminées par la loi; la dernière instance est en ces cas le département de la justice du Sénat.

Mais la règle générale est que la juridiction administrative appartient au gouverneur et au département administratif du Sénat.

Le point de départ du procès administratif est, en général, la décision d'une autorité administrative; ce n'est que dans des cas exceptionnels qu'il y a un différend entre deux parties.

Quiconque se trouve lésé dans son droit par la décision d'une autorité publique en matière administrative peut recourir à une autorité supérieure.

C'est au gouverneur qu'on a recours contre les autorités communales.

C'est au département administratif du Sénat qu'on a recours contre les décisions des gouverneurs et des directions administratives centrales.

Les affaires relevant de la comptabilité publique forment une branche spéciale de contentieux administratif. La cour générale pour le contrôle de la comptabilité publique connaît des observations faites contre les receveurs de l'État. Cette cour constate par son jugement s'il y a déficit dans la caisse du receveur, et le montant du déficit. Mais la condamnation au payement d'indemnités ou à des peines pour abus criminel appartient aux tribunaux de l'ordre judiciaire.

B. **La Banque de Finlande.**

65. *Organisation.*

En vertu de la disposition du § 55 de la loi de 1772 sur la Forme du gouvernement, la banque de l'État doit être placée sous la garantie et sous l'autorité de la Diète.

Chaque Diète ordinaire choisit *quatre délégués* (un par ordre) chargés de *gouverner* la banque de Finlande, et quatre délégués chargés de contrôler la gestion de la banque. Ces divers délégués ont des suppléants nommés aussi par la Diète. Leur mandat expire à l'époque de la clôture de la Diète suivante.

L'*administration* de la banque est confiée à une *direction* qui se compose d'un président nommé par l'Empereur et Grand-duc et de deux membres nommés aussi par l'Empereur parmi les candidats présentés par le département administratif du Sénat, sur la proposition des délégués de la banque. — Les commissaires-directeurs des succursales de la banque sont nommés par le Sénat sur la présentation des délégués. Les employés de la banque sont nommés par la direction.

La compétence des délégués et de la direction est déterminée par les statuts de la banque.

Les attributions des délégués consistent surtout :

à surveiller la gestion de la banque, en suivant avec une attention spéciale tout ce qui regarde l'émission et la circulation des billets de crédit;

à arrêter le taux de l'escompte et des lombards, ainsi que d'autres dispositions importantes concernant les placements à faire;

à choisir des correspondants ou commissionnaires à l'étranger;

à décider s'il y a lieu à établir de nouvelles succursales dans le pays ou à retirer des succursales déjà établies, les décisions en cette matière devant être soumises à la ratification du Sénat;

à statuer, sur le rapport annuel des délégués-réviseurs, s'il y a lieu à décharger la direction de toute responsabilité pour l'année précédente.

Les délégués choisissent leur président et nomment leur secrétaire. Le président convoque les autres délégués en séance; il a voix décisive en cas de partage des votes. Les délégués délibèrent en commun avec la direction sur certaines questions déterminées par la loi.

Les délégués doivent présenter à la commission de la banque, au commencement de la Diète, un compte-rendu de la gestion de la banque pendant la période qui vient de s'écouler.

Quant aux fonctions de la direction, qui est chargée de tous les détails de l'administration de la banque, elles sont analogues à celles de toute direction d'institution de crédit.

66. *Opérations de la banque.*

Le rôle principal de la la banque de Finlande, qui est la seule banque d'émission du pays [1], est de maintenir la circulation fiduciaire sur une base solide, tout en pourvoyant aux besoins de la circulatiou.

---

1. La loi du 10 mai 1886 a aboli le droit d'émission des banques des compagnies, dont une seule avait profité de ce droit, qu'elle exercera jusqu'à l'expiration de son octroi.

La banque peut émettre des billets de crédit jusqu'au montant de 20 millions de marcs [1] en sus de la somme que représentent l'encaisse métallique, les créances à vue chez ses banquiers à l'étranger et le portefeuille en obligations d'États négociables à l'étranger. — Les billets sont remboursables à vue.

Dans le cas que l'encaisse métallique tendrait à descendre au dessous de vingt millions, le gouvernement est autorisé à négocier, à l'étranger, un emprunt de dix millions au maximum; le produit de l'emprunt sera mis à la disposition de la banque, qui devra liquider l'emprunt.

La banque s'occupe d'ailleurs des opérations d'une banque commerciale, ayant toujours en vue la sûreté des placements.

Elle ne bonifie pas d'intérêt sur les dépôts.

---

1. Le système monétaire actuel de la Finlande a été établi par la loi du 9 août 1877. La monnaie finlandaise a pour base l'or comme unique étalon. L'unité monétaire est le marc, subdivisé en cent penni. Il est frappé deux monnaies d'or, l'une de dix marcs, l'autre de vingt marcs, lesquelles, quant au poids et à l'alliage, sont exactement conformes aux monnaies d'or de la France.

Il y a aussi des monnaies d'argent d'un et de deux marcs, ainsi que des monnaies de cuivre.

Les monnaies d'or sont reçues en paiement pour quelque somme que ce soit. Quant aux monnaies de billon, les particuliers ne sont tenus de les recevoir que pour l'appoint de 10 marcs en pièces d'argent et de 2 marcs en pièces de cuivre.

67. *Attributions de la Diète à l'égard de la banque.*

Il appartient à la commission de la banque formée par la Diète (voyez n° 37 p. 54) :

1°) d'examiner la gestion et la situation de la banque et d'en faire un rapport aux états;

2°) de proposer à la Diète les dispositions qu'elle juge nécessaires pour l'administration de la banque, qu'elle le fasse de sa propre initiative ou sur la proposition des délégués.

L'accord de trois ordres suffit pour constituer la résolution de la Diète en ces matières.

Les actes législatifs concernant la banque qui ont été adoptés par la Diète, sont soumis à la sanction de l'Empereur et Grand-duc.

La commission de la banque doit constater le montant des bénéfices disponibles de la banque. La Diète décide, sur le rapport de la commission des finances, combien il en sera alloué au profit du budget.

Dans le cas qu'il fût jugé nécessaire de modifier, pendant l'intervalle de deux Diètes, le règlement sur les opérations de la banque, l'Empereur et Grand-duc peut, sur la demande des délégués, autoriser la publication d'une loi provisoire qui sera soumise à l'approbation de la Diète suivante.

C. L'Université.

68. *Organisation et fonctions.*

L'avancement des sciences et la préparation de la jeunesse au service du Souverain et de la patrie sont confiés à l'Université-Alexandre, la seule du pays.

Les professeurs de l'Université sont ou ordinaires ou extraordinaires ou agrégés *(docent)* ou bien lecteurs.

L'Université comprend les quatre facultés : de théologie, de droit, de médecine et de philosophie, la dernière divisée en deux sections.

Les examens des étudiants qui ont achevé leurs études, se font devant les facultés. Les certificats d'examens des facultés sont valables comme déclaration de compétence pour les diverses branches du service de l'État.

Les avis des facultés sont décisifs quant à la compétence scientifique des candidats aux chaires de l'Université.

Les autorités administratives de l'Université sont : le chancelier, le vice-chancelier, le recteur et le consistoire académique.

Le chancelier, nommé par l'Empereur, est l'intermédiaire entre l'Université et l'Empereur [1]. Il présente à l'Empereur les affaires réservées à la décision du

1. Depuis plus de 50 ans les grand-ducs héritiers se sont succédé comme chanceliers de l'Université-Alexandre.

Souverain, telles que modifications des statuts de l'Université et nominations aux places de professeurs ordinaires et de bibliothécaire en chef, après que le consistoire a présenté des candidats. Il nomme, sur la présentation du consistoire, les autres professeurs et les employés, ainsi que le recteur, le vice-recteur et les doyens des facultés; il décide certaines questions réglementaires que lui soumet le consistoire.

Le vice-chancelier, nommé par l'Empereur et attaché à l'Université, donne son préavis sur les affaires qui seront soumises au chancelier, et décide certaines questions d'ordre.

Le consistoire, présidé par le recteur, est le centre des autorités universitaires. Il se compose de douze professeurs ordinaires, dont six de la faculté de philosophie et deux de chacune des autres facultés. Quant il s'agit de nomination de professeurs, de subventions pour voyages scientifiques ou d'autres questions qui regardent les sciences, tous les professeurs ordinaires siègent dans le consistoire. L'élection du recteur se fait aussi dans le grand consistoire.

Le consistoire ordinaire est compétent pour toutes les branches de l'administration universitaire; il a le droit de décision dans les limites des statuts et du budget; il soumet au chancelier les questions réservées à la décision du chancelier ou de l'Empereur.

Le recteur de l'Université est le chef de la chancellerie; il prépare les questions à soumettre au consistoire; il gère les finances de l'Université, assisté d'un conseil de professeurs désignés à cet effet; il exerce, seul ou en conseil avec les doyens des facultés, une autorité disciplinaire sur les étudiants.

La bibliothèque de l'Université est en même temps bibliothèque nationale.

69. *Législation, budget.*

L'existence de l'Université étant garantie par la loi, cette institution ne pourrait pas être abolie sans le consentement de la Diète; mais l'Empereur et Grand-duc a le droit de statuer, sans le concours de la Diète, sur les détails de son organisation.

Tout projet portant modification des statuts de l'Université est examiné par le Sénat avant d'être soumis à la sanction de l'Empereur.

L'autonomie de l'Université — autonomie qui, d'ailleurs, ne constitue pas une indépendance du pouvoir de l'État, elle n'est plutôt qu'une séparation du rouage des autres administrations — ne s'étend pas non plus au budget : c'est le Sénat qui examine et soumet à l'Empereur toute question concernant des changements à faire dans le budget de l'Université.

D. Les fonctionnaires publics.

70. *Compétence.*

La qualité de citoyen finlandais est indispensable pour être admis au service de l'État en Finlande. La loi n'admet pas d'autre exception à cette règle que le cas où un étranger, par ses grandes et brillantes qualités, pourrait être particulièrement utile au pays; il dépend de l'Empereur d'en juger.

La compétence s'acquiert par des examens dûment attestés soit par une des facultés de l'Université, soit par l'institut polytechnique, l'institut d'agronomie ou l'école militaire. Les examens requis pour les différentes branches du service sont déterminés par des règlements et ordonnances. La connaissance des deux langues du pays est une des conditions de compétence. — Il y a, d'ailleurs, des emplois subalternes pour lesquels la loi n'a pas établi de conditions de compétence.

L'habileté, l'expérience acquise par l'exercice de fonctions publiques, et les vertus de citoyen, constituent les titres à la nomination, tandis que les diversités de naissance ne doivent pas être prises en considération.

71. *Inamovibilité.*

Le principe de l'inamovibilité, en vertu duquel un fonctionnaire public ne peut pas être destitué, si ce n'est en suite d'une condamnation légale par le tribunal, est reconnu, par les lois fondamentales, comme règle générale pour les emplois publics du Grand-duché.

Ce principe est appliqué, sans exception, aux fonctions de juge [1].

Quant aux fonctions administratives et militaires, il y a des exceptions :

a) les places dites de confiance : les emplois civils supérieurs auquels la nomination est réservée à l'Empereur, et, dans l'armée, les places de commandant de bataillon ainsi que toute place du même rang ou d'un rang supérieur;

b) les employés de police et les receveurs;

c) le personnel subalterne des chemins de fer et des canaux.

72. *Traitements, pensions.*

Tout fonctionnaire public a droit au traitement établi pour la charge qu'il occupe. Toutefois, il ne peut pas exiger la quote-part du salaire qui est retenue au profit des caisses de pension pour les veuves et enfants; et il est obligé, en cas de congé temporaire, de renoncer, au profit de son remplaçant, à une part du traitement déterminée par la loi.

---

1. Il ne s'applique pas aux membres du département de la justice du Sénat, parce que leur fonction est, en premier lieu, celle de conseiller du Souverain; ce n'est que par délégation qu'ils exercent le pouvoir judiciaire appartenant au Souverain.

Le clergé luthérien, à l'exception des évêques qui sont salariés par l'État, reçoit son traitement des paroissiens.

Les juges de district n'ont qu'une mince rétribution sur le budget; leur revenu principal provient d'un impôt payé en vertu d'une loi spéciale par les propriétaires et d'autres chefs de famille du district.

Tous autres fonctionnaires reçoivent leurs appointements des caisses de l'État. Il y a en outre pour quelques charges un éventuel provenant de certains droits à payer par le public.

A l'âge de 63 ans et après 35 ans de service irréprochable, le fonctionnaire a droit, en se retirant, à la pension viagère établie pour la place qu'il occupe alors. S'il quitte le service plus tôt pour cause de maladie attestée, il reçoit une partie de la pension. — Il y a pour quelques branches du service public des modifications de ces conditions.

Dans le cas qu'un fonctionnaire perd sa place par l'abolition du service auquel il a été attaché, la loi lui garantit une rémunération viagère. Celui qui se trouve en pareille condition est obligé d'accepter telle place équivalente qui lui serait offerte; sinon, il perd la dite rémunération.

Les veuves, les fils mineurs et les filles de tout âge de fonctionnaires décédés reçoivent une pension payée par les caisses instituées dans ce but. Ces caisses sont entretenues par les contributions annuelles des fonctionnaires; quelques-unes sont subventionnées par l'État. Les statuts des caisses sont sanctionnés par le gouvernement; mais elles sont administrées et contrôlées par des délégués des fonctionnaires du groupe auquel la caisse appartient.

73. *Devoirs des fonctionnaires publics.*

Tout fonctionnaire doit, à l'entrée au service, prêter le serment de servir le Souverain et la patrie avec fidélité et probité.

Observer et appliquer les lois est le devoir général de tout fonctionnaire public.

Il doit exécuter les ordres des chefs et des autorités supérieures.

Si l'ordre donné au fonctionnaire se trouve en contradiction avec la loi, — à qui doit-il obéir?

La loi même ne fournit pas de réponse directe à cette question; c'est une question de principe.

La discipline administrative semble ne pas vouloir admettre qu'un subordonné ait le droit de critiquer les ordres qu'il reçoit de l'autorité dont il relève. Il est évident qu'il fait fausse route s'il s'oppose à l'exécution d'une mesure ordonnée parce qu'il ne la trouve pas utile. Mais un fonctionnaire accusé pour ne pas avoir exécuté l'ordre de son chef, ne sera pas puni s'il est constaté que l'ordre était contraire à la loi. Ce n'est pas l'obéissance aveugle, c'est l'obéissance loyale et intelligente que l'État constitutionnel exige de ses fonctionnaires.

Or, les juges, dans l'exercice de cette fonction, n'ont aucune obligation de se conformer à des ordres qui pourraient leur être donnés. Cette règle s'applique aussi aux fonctionnaires administratifs qui ont à rendre des décisions portant l'application d'une loi.

La discrétion est un des devoirs du fonctionnaire : il s'engage par son serment à ne pas divulguer ce qui exige le secret.

Il doit s'abstenir de toute occupation qui pourrait le mettre en conflit avec ses devoirs publics.

XII. Les communes.

74. *Autonomie des communes.*

Tandis que les provinces et les bailliages ne représentent que des circonscriptions de l'administration de l'État (voyez n° 63 p. 101), la loi a reconnu aux communes le droit de s'administrer elles-mêmes.

Le cadre de l'administration communale embrasse tous les intérêts de la commune : finances, propriétés communales, écoles, hygiène, assistance publqiue, police. Il n'y a d'exception que pour certaines affaires qui, en vertu de lois spéciales, ressortissent à des autorités de l'État.

L'autonomie communale, cependant, n'est pas illimitée : dans certains cas les décisions des autorités communales ne sont valables que si elles ont été soumises à l'approbation, soit du gouverneur, soit du Sénat. Les décisions concernant des taxations extraordinaires pendant plusieurs années pour but spécial, ou des règlements à établir pour l'hygiène ou la police, doivent être soumises au gouverneur. Toute décision, soit de vendre ou d'engager des biens immeubles appartenant à la commune en vertu d'une donation, soit d'établir ou d'élever des charges pour le trafic général, exige l'approbation du Sénat. S'il s'agit de contracter un emprunt à long terme, la commune rurale doit demander l'autorisation du gouverneur, la commune urbaine celle du Sénat. Les villes doivent encore soumettre à l'approbation du Sénat les traitements des fonctionnaires obligatoires (bourgmestres, échevins et quelques autres).

Les écoles populaires des communes sont subventionnées par l'État à la condition de se conformer aux système établi par la loi sur les écoles populaires.

75. *Les villes.*

Est membre de la commune urbaine quiconque y exerce une profession commerciale ou industrielle, y possède un bien immeuble ou y a sa demeure légale.

Le droit de décider des affaires communales est exercé, dans les villes dont la population n'est pas supérieure à 2000 habitants, par l'assemblée générale *(rådhusstämma)*, dans les villes dont la population est supérieure à 2000, par le conseil municipal *(stadsfullmäktige* = délégués de la ville). Toute ville de la première catégorie peut décider, en assemblée générale, d'instituer un conseil municipal muni du droit de décision.

Dans chaque ville c'est l'assemblée générale qui décide concernant le montant de revenu qui formera l'unité de taxation, en observant, toutefois, le minimum de 200 marcs et le maximum de 400 marcs établis par la loi; cette décision est prise pour une période de trois à cinq ans.

Le droit de suffrage est basé sur la taxation : deux unités de taxation sont comptées pour une voix, trois unités pour deux voix, mais quatre pour quatre voix et ainsi de suite jusqu'à vingt-cinq voix, maximum de voix pour un membre de la commune. Les femmes ne sont pas exclues du droit de suffrage.

Dans les villes où il n'y a pas de conseil municipal, l'assemblée générale, dont la présidence appartient au bourgmestre, se réunit, soit à des époques fixées par la loi, soit lorsque la chambre municipale *(magistrat)* le juge nécessaire. Toute affaire soumise à l'assemblée doit être préparée par la chambre municipale.

Dans les villes où il y a un conseil municipal — et c'est le cas normal — l'assemblée générale ne se réunit, dans la règle, que pour l'élection des conseillers municipaux, des commissions de taxation et de révision et des contrôleurs des finances.

Le nombre des conseillers est fixé par l'assemblée générale dans les proportions indiquées par la loi. Ils sont de 12 à 30 dans les villes n'ayant pas plus de

2000 habitants, de 21 à 40 dans les villes dont la population est supérieure à 2000 mais ne dépasse pas 10,000, etc. jusqu'au maximum de 60 conseillers. Quant il s'agit de certaines questions financières d'une grande importance, le nombre des conseillers doit être porté à un total supérieur de moité au nombre ordinaire. Sont éligibles : tous les membres de la commune ayant le droit de suffrage et âgés de 25 ans, sauf les femmes, les faillis et ceux qui sont sous le coup d'une accusation ou d'une condamnation pour crime infamant. Il y a incompatibilité avec les fonctions de gouverneur, de secrétaire et de camérier de province, de bourgmestre, d'échevin, d'employé de police, d'accusateur public et de fonctionnaire communal assujetti au contrôle du conseil municipal.

Les conseillers sont élus pour trois ans et renouvelés chaque année par tiers; ils ne reçoivent aucun traitement. Ils élisent dans leur sein un président et un vice-président. Le bourgmestre, ou celui qui le remplace comme président de la chambre municipale, doit assister aux séances du conseil. Le conseil peut nommer des commissions pour la préparation des affaires.

Il doit y avoir dans chaque ville une chambre des finances *(drätselkammare)*, chargée de l'administration financière. Le règlement de la chambre des finances est soumis à l'approbation du Sénat. Le conseil municipal peut former en outre d'autres organes pour différentes branches de l'administration. Ainsi, il y a dans chaque ville une direction des écoles populaires.

La chambre municipale réunit aux fonctions de tribunal administratif et d'autorité exécutive et de police, celle de surveiller les organes administratifs institués par le conseil municipal. Elle est en outre munie du pouvoir de s'opposer à l'exécution des décisions du conseil municipal si elle les juge contraires à la loi.

La chambre municipale est encore chargée de la préparation du budget annuel de la ville, lequel est voté par le conseil municipal, ou par l'assemblée générale là où il n'y a pas de conseil.

L'excédant des dépenses prévues dans le budget, sur les recettes provenant de l'actif de la commune et des revenus indirects, est couvert par l'impôt sur le revenu basé sur la taxation sus-mentionnée. Les règles de taxation sont établies par la loi. L'on peut avoir recours à la commission de révision contre les décisions de la commission de taxation.

76. *Les communes rurales.*

L'organisation des communes rurales se distingue de celle des villes surtout en ce qu'il n'y a pas dans celles-là de chambre municipale ni d'autre autorité publique d'une compétence analogue, et encore en ce que toute commune, grande ou petite, peut réserver à l'assemblée communale *(kommunalstämma)* l'exercice du droit de décision, l'institution d'un conseil de délégués n'étant que facultative.

Quant aux qualifications requises pour être membre de la commune rurale et y exercer le droit de suffrage, elles sont presque les mêmes que dans la commune urbaine. Chaque unité de taxation compte pour une voix.

L'assemblée communale choisit son président; elle est convoquée par lui; elle est compétente pour toutes les affaires de la commune.

Le conseil communal *(kommunalnämnd)* est chargé de l'exécution des décisions de l'assemblée et d'autres fonctions d'un agent administratif.

Il se compose d'un président, d'un vice-président et d'au moins cinq membres, tous élus pour trois ans par l'assemblée communale. Le conseil communal est chargé de la taxation, si l'assemblée n'en a pas chargé une commission spéciale. Le conseil prépare le budget, qui est voté par l'assemblée. Des contrôleurs nommés par celle-ci vérifient la comptabilité du conseil.

XIII. Organisation de la défense nationale.

77. *Dispositions générales.*

Le service militaire personnel est obligatoire pour tout citoyen finlandais.

L'armée est composée : 1°) des troupes actives, en service permanent, 2°) de la réserve, dont le but principal est de compléter les troupes actives en cas de guerre, et 3°) de la milice, ou garde nationale sédentaire *(landtvärn)*, formée par tous ceux qui ont passé par la réserve.

Le contingent annuel comprend tous les jeunes hommes qui, avant le 1er janvier de l'année courante, ont atteint l'âge de vingt et un ans.

Ce contingent est distribué entre les troupes actives et la réserve. La distribution se fait par le tirage au sort.

Sont exclus du service militaire tous ceux qui ont été condamnés pour un crime infamant.

78. *Durée du service; exemptions.*

La durée du service dans la troupe active est, en général, de trois ans; ces années passées, l'on sert deux ans dans la réserve.

Ceux qui entrent directement dans la réserve, y restent inscrits pendant cinq ans. Pendant les trois premières années, les réservistes sont annuellement convoqués à des exercices dont la durée totale est de trois mois.

Chaque contingent annuel forme une classe dans les registres de l'armée.

Les citoyens qui ont achevé leur service dans la réserve, sont enrôlés dans la milice et y restent jusqu'à l'âge de 40 ans.

La milice ne peut être mobilisée, sauf lorsque l'ennemi est entré dans le pays. Elle est formée alors en bataillons de garde nationale, ayant pour cadres des réservistes exercés dans les troupes de dépôt qui sont mises sur pied en cas de guerre.

L'exemption ou l'ajournement du service militaire est accordé pour cause d'infirmité ou de maladie, ainsi que pour des raisons de famille déterminées par la loi (fils unique, etc.). Un délai peut être accordé pour des raisons financières et pour l'achèvement d'études.

La durée du service actif est abrégée d'un an pour ceux qui ont passé par une école populaire supérieure, d'une année et demie pour ceux qui ont passé par un lycée, par une école supérieure de commerce ou d'agronomie, etc., et de deux années pour les étudiants de l'Université.

Les ministres des cultes sont exempts du service militaire; les médecins et les instituteurs d'écoles y sont obligés seulement en cas de guerre; les marins de la marine marchande et les pilotes, dans l'exercice de leurs professions, sont exemptés du service militaire en temps de paix.

Des volontaires d'un an sont reçus dans les troupes actives en nombre restreint, à la condition qu'ils aient atteint l'âge de 17 ans et qu'ils aient passé par un lycée ou une autre école supérieure. Cette année de service volontaire équivaut au service actif obligatoire. — L'enrôlement de volontaires peut aussi avoir lieu sous certaines autres conditions.

79. *Service d'enrôlement.*

Chaque province du pays est divisée par le Sénat en districts d'enrôlement de 15,000 à 50,000 habitants.

Pour les mesures qui concernent l'enrôlement des contingents, le tirage au sort, l'inspection sanitaire, l'exemption du service, etc., il est institué des commissions composées d'un commissaire des guerres, comme président, d'un officier et d'un magistrat. Lorsque la commission fonctionne dans les districts, trois membres des communes lui sont adjoints.

L'inspection sanitaire et le tirage au sort se font dans les districts entre le 15 avril et le 24 juin; l'entrée au service a lieu le 1er novembre.

Il y a pour chaque province une commission supérieure à laquelle sont adressées les réclamations; on peut recourir contre ses décisions auprès du département de la justice du Sénat.

80. *Commandement; formation des troupes.*

Le Gouverneur-général est le chef de l'armée finlandaise. A lui appartient la direction générale des affaires militaires.

Il présente à l'Empereur, par l'intermédiaire du ministre de la guerre, les candidats aux places d'officiers. Il nomme aux fonctions de chefs de compagnie et d'inspecteurs de district de la réserve les officiers ayant placement dans la réserve.

Il a pour auxiliaire un chef d'état-major, qui dirige la chancellerie militaire du Gouverneur-général.

Le Gouverneur-général décide, de concert avec le Sénat, de la répartition des 90 jours d'exercice de la réserve sur les trois ans prescrits, ainsi que de la réunion des troupes actives en camps de manoeuvres dans le pays.

Il y a un général-commandant, chargé de l'inspection des troupes et de la gestion en détail des affaires militaires. Lui aussi est assisté par un chef d'état-major et une chancellerie.

Il faut être citoyen finlandais pour faire partie de l'armée de Finlande.

Tout officier est obligé, en temps de paix, de se retirer du service à l'âge de 50 à 60 ans, s'il se trouve encore à cet âge dans une position inférieure à celle de commandant de bataillon. Les droits des officiers sont d'ailleurs analogues à ceux des fonctionnaires civils.

L'effectif des troupes actives en temps de paix est fixé par la loi.

La formation des troupes, leur répartition sur les différentes armes et leur dislocation sont arrêtés par l'Empereur et Grand-duc sur la proposition du Sénat.

La loi établit l'ordre dans lequel la réserve doit être appelée en cas de guerre pour compléter les troupes actives ainsi que pour former des troupes de dépôt. — La force armée de la Finlande a pour but de défendre le trône et la patrie, et de contribuer de cette manière à la défense de l'Empire.